2020年度浙江省线下一流课程《大学英语2》建设成果
2022年浙江省线上线下混合式一流课程《大学英语2》建设成果
2021年衢州学院课程思政教学研究项目成果（JYXM202110）
2022年衢州学院申硕重点建设项目成果
2022年衢州学院线上一流课程《大学英语3》建设成果
2023年浙江省外文学会专题研究项目成果

《论语》解读
（汉英对照版）

主　编　林菊叶
副主编　王　伟　赵金贞

The Interpretation of
The Analects of Confucius

(Chinese-English Version)

上海交通大学出版社
SHANGHAI JIAO TONG UNIVERSITY PRESS

内容提要

本书以《论语》精华内容为载体，以英语为媒介，以思考与感悟为引导，不仅可以帮助读者夯实英语语言综合技能、培养语言表达能力和思辨能力，而且能够帮助读者健全人格、培养高尚情操、增强为人处世能力、感受自我价值、提高自尊水平、养成成长性思维等，还可以提升当代青年人的思想政治素质，帮助其形成正确的世界观、人生观和价值观，增强家国情怀，成为身心健康、人格健全、熟悉中国文化英语表达的新时代中国特色社会主义事业的建设者和接班人。

图书在版编目（CIP）数据

《论语》解读：汉英对照／林菊叶主编．—上海：
上海交通大学出版社，2023.4
　ISBN 978－7－313－28554－6

　Ⅰ．①论… Ⅱ．①林… Ⅲ．①《论语》—研究—汉、
英 Ⅳ．①B222.25

中国国家版本馆 CIP 数据核字（2023）第 061879 号

《论语》解读（汉英对照版）
《LUNYU》JIEDU(HANYING DUIZHAOBAN)

主　　编：林菊叶
出版发行：上海交通大学出版社　　　　　地　　址：上海市番禺路 951 号
邮政编码：200030　　　　　　　　　　电　　话：021-64071208
印　　制：上海万卷印刷股份有限公司　　经　　销：全国新华书店
开　　本：787 mm×1092 mm　1/16　　印　　张：11.5
字　　数：184 千字
版　　次：2023 年 4 月第 1 版　　　　　印　　次：2023 年 4 月第 1 次印刷
书　　号：ISBN 978-7-313-28554-6
定　　价：59.00 元

前言

中华优秀传统文化是中华民族的"根"和"魂",是中华民族精神的标识,是当代中国社会主义核心价值观的思想源泉,也是全人类弥足珍贵的精神瑰宝。习近平总书记指出:"培育和弘扬社会主义核心价值观必须立足中华优秀传统文化""中华优秀传统文化也是我们在世界文化激荡中站稳脚跟的坚实根基。"面对国际国内人才市场竞争激烈的新形势和新时代中国特色社会主义接班人的培养要求,本书编者积极探索构建"弘扬传统文化、培养家国情怀、强化英语综合素养、落实立德树人"的新型中国文化外语课程教材。

习近平总书记在十八届中央政治局第十三次集体学习时指出,深入挖掘和阐发中华优秀传统文化讲仁爱、重民本、守诚信、崇正义、尚和合、求大同的时代价值,使中华优秀传统文化成为涵养社会主义核心价值观的重要源泉。儒家思想是中华文明的重要组成部分,对中国乃至世界都有着深刻的影响,而《论语》是儒学思想的经典之作之一,较为集中地体现了孔子的政治主张、伦理思想、道德观念、人格修养、教育原则、为人处世、待人接物的基本礼仪等,是青年人了解中国文化的必读之作。

本书正是在这一背景下应运而生,以《论语》精华内容为载体,以英语为媒介,以思考与感悟为引导,不仅可以帮助读者夯实英语语言综合技能、培养语言表达能力和思辨能力,而且能够帮助读者健全人格、培养高尚情操、增强为人处世能力、感受自我价值、提高自尊水平、养成成长性思维等,还可以提升当代青年人的思想政治素质,帮助其形成正确的世界观、人生观和价值观,增强家国情怀,成为身心健康、人格健全、熟悉中国文化英语表达的新时代中国特色社会主义事业的建设者和接班人。

虽然编者秉持严谨认真的编写态度，但是由于水平有限、经验不足，对优秀传统文化资源挖掘不够到位、理解不够深刻，加之仓促成文，书中存在个别错误和问题，敬请读者谅解并批评指正。

编者

2022 年 9 月

目录

学而篇

1.1 * 【原文】

zǐ yuē　　xué ér shí xí zhī　bú yì yuè hū　　yǒu péng zì yuǎn fāng lái　bú yì lè
子曰："学而时习之,不亦说乎? 有 朋 自 远 方 来,不亦乐

hū　　rén bù zhī ér bú yùn　bú yì jūn zǐ hū
乎? 人不知而不愠,不亦君子乎?"

【译文】

孔子说:"不断学习并且反复练习与实践,不也很愉快吗? 有志同道合的人从远方来,不也很快乐吗? 别人不了解我,但我不生气、不恼怒,不就是道德高尚、有修养的君子吗?"

【英译】

The Master（Confucius）said，"Is it not pleasant to learn and constantly put what is learned into practice? Is it not delightful to have friends coming from a long way off? Is he not the true gentleman of perfect virtue，who feels no resentment though not being understood by others?"

【思考与感悟】

有人说:"人生的两大失败之一是毕业后不读书。"这句话告诉我们学习的重要性。学习不仅指通过读书学习文化知识和谋生技能,也指从生活中学习和在社会中成长。人生就是不断学习、终身成长的过程。

日常生活、学习与工作就是我们"学而时习之"的最佳道场。"学而时习之,不亦说乎?"强调"自修",学以致用。子曰:"好学近乎知,力行近乎仁,知耻近乎勇",做到"智、仁、勇",必要条件就是"学而时习之"。人们有时在情绪低落的时候感叹道:"读了那么多书,见过那么多人,知道那么多道理,依然过不好自己的人生。"这种失落感很大程度上源于没有做到"学而时习之"。

---

* 本书标题中数字表示所选原文在《论语》中的位置,例如,1.1 表示《论语》第一篇第一章,以此类推。

"有朋自远方来,不亦乐乎?"强调"共修",这里的"朋",对于孔子而言,既包括远道而来求教的学生,又包括昔日的朋友。广交朋友,取人之长,补己之短,互相学习,也是一种有效的学习方式。常言道:"近朱者赤,近墨者黑。"这说明环境以及他人对我们成长的影响。

"人不知而不愠,不亦君子乎?"强调学习的结果、进德修业达到的高境界。在快节奏、求效益的互联网时代,人们难免会因不被认可、不被看见、不被理解而恼怒。网上流传着"低调做人,高调做事。"前者表达了人要稳重和谦逊,后者告诉人们做事要勇猛和张扬。其实,做人做事,功到自然成,无需为了被看见而做事。孔子潜心乐道,不被人理解也不生气,对我们当代人有着重要的指导意义,这是一种圣人的境界。

1.2 【原文】

yǒu zǐ yuē　　qí wéi rén yě xiào tì　ér hào fàn shàng zhě　xiǎn yǐ　bú hào fàn
有子曰:"其为人也孝弟,而好犯上者,鲜矣;不好犯
shàng　ér hào zuò luàn zhě　wèi zhī yǒu yě　jūn zǐ wù běn　běn lì ér dào shēng　xiào
上,而好作乱者,未之有也。君子务本,本立而道生。孝
tì yě zhě　qí wéi rén zhī běn yú
弟也者,其为仁之本与。"

【译文】

有子说:"孝顺父母、尊重兄长却喜欢触犯上级的人,这种人是很少见的;不喜欢触犯上级却喜欢作乱、造反的人,这种人从来没有过。有德行的人总是致力于为人处世之根本,根本建立了,就形成了做人做事的基本道理,仁道也就随之而生。孝敬父母、尊重兄长,便是仁道的根本吧!"

【英译】

The disciple of Confucius, Youzi said, "Few men who are filial and fraternal are apt to offend their superiors. There has never been a man who refused to offend his superiors but was fond of stirring up chaos or rebellion at the same time. The gentleman bends his mind to the Basic because once that is firm, the Way naturally grows and follows. Thus, filial and fraternal conduct is the root of benevolence."

【思考与感悟】

《孝经·开宗明义章第一》子曰:"夫孝,德之本也,教之所由生也。"(孔子说:"孝道是一切德行的根本,所有的教化皆由此衍生出来。")孝敬父母是中华民族的优良传统之一,一个人对生养自己的父母都无法善待与奉养,古人称之为"禽兽",今人称之为"禽兽不如"。《弟子规》中说:"兄道友,弟道恭,兄弟睦,孝在中。"弟爱兄谓之悌,"悌"即敬爱兄长。哥哥姐姐友爱弟弟妹妹,做弟弟妹妹的恭敬兄长和姐姐,那么兄弟姐妹和睦相处,父母心中有快乐,这其中就存在孝道。兄弟姐妹之间相亲相爱亦是孝之表现。

一个人如果在家里懂得孝敬父母、善待兄弟姐妹,当他走向社会后,就会尊重上级、优待朋友同事、善待他人,这样的人往往身心健康、人格健全、人际关系和谐。孔子儒家思想就是按照"为人孝悌-家庭和睦-社会和谐-国家稳定"这样的思路推演的,这也是中国人的精神底色之一。正如《孝经·开宗明义章第一》所讲:"夫孝,始与事亲,中于事君,终于立身。"

1.4 【原文】

<ruby>曾<rt>zēng</rt></ruby> <ruby>子<rt>zǐ</rt></ruby> <ruby>曰<rt>yuē</rt></ruby>:" <ruby>吾<rt>wú</rt></ruby> <ruby>日<rt>rì</rt></ruby> <ruby>三<rt>sān</rt></ruby> <ruby>省<rt>xǐng</rt></ruby> <ruby>吾<rt>wú</rt></ruby> <ruby>身<rt>shēn</rt></ruby>: <ruby>为<rt>wéi</rt></ruby> <ruby>人<rt>rén</rt></ruby> <ruby>谋<rt>móu</rt></ruby> <ruby>而<rt>ér</rt></ruby> <ruby>不<rt>bù</rt></ruby> <ruby>忠<rt>zhōng</rt></ruby> <ruby>乎<rt>hū</rt></ruby>? <ruby>与<rt>yǔ</rt></ruby> <ruby>朋<rt>péng</rt></ruby> <ruby>友<rt>yǒu</rt></ruby> <ruby>交<rt>jiāo</rt></ruby> <ruby>而<rt>ér</rt></ruby> <ruby>不<rt>bú</rt></ruby> <ruby>信<rt>xìn</rt></ruby> <ruby>乎<rt>hū</rt></ruby>? <ruby>传<rt>chuán</rt></ruby> <ruby>不<rt>bù</rt></ruby> <ruby>习<rt>xí</rt></ruby> <ruby>乎<rt>hū</rt></ruby>?"

【译文】

曾参说:"我每天多次反省自己:替别人办事是否竭尽全力了呢?与朋友交往是否诚实守信呢?对老师传授的知识和做人做事的道理,是否用心践行了呢?"

【英译】

The disciple of Confucius, Zengzi said, "I examine myself repeatedly each day to see whether I have been faithful in my dealings with others, whether I have been sincere in the communication with my friends and whether I have been practising the instruction of my Master."

【思考与感悟】

常言道:"反躬自省是通向美德和圣人的途径"。反省是一种美德,是一个人谦虚的表现,因为骄傲自大的人是不大会反省自己的。反省亦是个人修养提高的重要途径。通过反省内求,人们可以了解自身的不足,并加以改正,以此提升自身的思想修为和道德境界,形成健全人格。人人应该养成"吾日三省吾身"的好习惯,因为"谦虚使人进步,骄傲使人落后"。

乐于反省的人,凡事都从自己身上找问题,子曰:"躬自厚而薄责于人,则远怨矣。"与人产生矛盾时,多反思自己有没有过错,多换位思考,子曰:"君子求诸己,小人求诸人。"同时,善于反省的人乐于学习,积极进取。子曰:"见贤思齐焉,见不贤而内自省也。"(孔子说:"看见贤人就应该想着向他看齐;见到不贤的人,就要反省自己有没有类似的毛病。")

在日常工作和学习中,我们要善于学以致用,乐于把所懂得的道理运用到实践中,因为"知道的是理,行出来的才是道。"陆游诗云:"纸上得来终觉浅,绝知此事要躬行"。掌握的知识再多,如果不学以致用,如果不刻意练习,那么知识永远停留在认知层面,根本无法提升为能力和修养。

1.7 【原文】

zǐ xià yuē   xián xián yì sè   shì fù mǔ   néng jié qí lì   shì jūn   néng zhì qí shēn
子夏曰:"贤 贤 易 色;事父母,能 竭其力;事君,能 致其身;

yǔ péng yǒu jiāo   yán ér yǒu xìn   suī yuē wèi xué   wú bì wèi zhī xué yǐ
与 朋友交,言而有信。虽曰未学,吾必谓之学矣。"

【译文】

子夏说:"对妻子,重品德,不重容貌;侍奉爹娘,能竭尽全力;服事君上,甘愿献出生命;同朋友交往,说话诚实守信。这种人,虽自谦说没学习过,我一定说他已经学习过了。"

【英译】

The disciple of Confucius, Zixia said, "If a man values more his wife's virtues than her appearance, if he tries his best to serve his parents, if he devotes himself to the service of his monarch and if he is trustworthy in the dealings with friends, I will definitely say that such a man is well-educated, although people say that he lacks learning."

【思考与感悟】

人的一生都是在处理各种关系,人的本质是一切社会关系的总和。人们常说:"成家立业乃人生大事。"家庭稳固才能事业有成。在选择人生伴侣时,我们要重德行,轻外貌,不以貌取人。"贤贤易色"第一个"贤"是动词,意为重视;第二个"贤"是名词,意为有贤德的人;"易"意为轻视;"色"意为女色或姿色。"贤贤易色"本义指对妻子要重视品德,不重长相;现指尊重有贤德的人而不看重女色。子曰:"吾未见好德如好色者也。"(孔子说:"我没有见过像好色那样好德的人。")可见,"好德"任重道远,抵御"好色"有难度,因为难,所以更可贵,更能考验一个人的品性。

"贤贤易色"不仅是正确价值观的体现,而且保障一个人有精力在社会上打拼,而不至于被家庭所牵绊。"贤贤易色"的人往往重品德,本性正直。在家里,孝敬父母,尊敬长辈,长幼有序。在职场,尽忠职守,兢兢业业。对待朋友诚实守信,互帮互助。对待国家,爱国敬业,爱党忠诚,遵纪守法,有家国情怀。这样的人即使没有接受过教育,从根本上说,也是有知识、有素养的人。

1.8 【原文】

zǐ yuē　　jūn zǐ bú zhòng zé bù wēi　xué zé bú gù　　zhǔ zhōng xìn　wú yǒu bù rú

子曰:"君子不重则不威,学则不固。主忠信,无友不如己者，过则勿惮改。"

【译文】

孔子说："君子如果不庄重就没有威严，那么学习的东西也不持久。君子行为处事以忠和信为主，不结交与自己志向不相同的人。如果发现自己有过错，不惧怕改正错误。"

【英译】

Confucius said, "A man of high morality has no authority without severity and his learning will not be solid. Regard loyalty and faithfulness as his prime principles; Have no friends who are not equal to himself; Never become afraid of correcting them if he makes mistakes."

【思考与感悟】

人既要注意自己的外在形象，又要注重培养自己的内在修养；穿着打扮要端庄大方，言行举止要成熟稳重。试想：一个领导在工作场所语言夸张、行为轻浮，那么他在员工的心目中不可能有威严；一个老师在课堂上着装随意，表情稚嫩，随意表达，那么也不大可能在学生中有威严，教学效果也会大打折扣。"君子不重则不威"。一个人在公共场合言谈举止要得体，腹有诗书气自华，自带气场。

我们行为处事都应该符合忠和信的标准。忠诚，不仅要内诚于己，更要忠诚于朋友以及国家；诚信，诚乃立身之本，信乃道德之基，我们要坚守社会主义核心价值观，做忠于国家、内诚于心、外信于人、言而有信的社会主义好公民。

古人云："近朱者赤，近墨者黑。"选择与什么人相处，我们就会变成什么样的人。结交比自己更优秀的人、与自己志同道合的人做朋友，就能"见贤思齐"，但这并不是看不起不如自己的人，而是告诉我们要善于发现他人的优点，取长补短，共同进步。同时，守住底线，道不同不相为谋。当然，成长路上，难免犯错，"人非圣贤，孰能无过？"事实上，犯错不可怕，可怕的是文过饰非、将错就错、不知悔改。我们对犯错这件事应持正确的认知态度：承认错误，分析原因，果断改正；吃一堑长一智，汲取经验教训，将错误转化为成长的财富。

1.10 【原文】

子禽问于子贡曰："夫子至于是邦也,必闻其政,求之与?抑与之与?"子贡曰："夫子温、良、恭、俭、让以得之。夫子之求之也,其诸异乎人之求之与?"

【译文】

子禽问子贡说:"老师每到一个国家,一定会听闻该国的政治情况,这是老师主动请求询问的,还是当地国君主动告诉的呢?"子贡回答:"老师凭借温和、善良、恭敬、节俭、谦让而得以听闻于各国政要。老师得到这些的方式大概也与其他人采用的方式有所区别吧?"

【英译】

"When our master arrives at every state, he will learn about their governmental affairs; Does he seek for the information or is it offered to him?" Ziqin inquired of Zigong about Confucius. Zigong answered, "Our master gets the information with his gentleness, kindness, reverence, thrift and modesty. Maybe the way of the Master's getting information differs from that of others."

【思考与感悟】

日常生活中,有时素昧平生的人,会有一见如故的感觉,彼此谈话很投机,这是因为被对方的素养或气质所吸引,所以甘愿袒露心声、推心置腹。"夫子温良恭俭让",孔夫子温和、善良、恭敬、节俭、谦让,这些美好品德充满了吸引力,自带气场和气质,那么周游列国时各国政要争相前来请教孔夫子就是自然而然的事了。

子夏曰:"君子有三变:望之俨然,即之也温,听其言也厉。"(子夏说:"君子会使人感到有三种变化:远远望去庄严可畏,接近他时却温和可亲,听他说话则严厉不苟。")孔子的道德情操和人格魅力,尽显其中。孔子的人格魅力吸引了列国政要愿意向他请教治国理政，正可谓："为政以德，譬如北辰，居其所而众星共之。"

夫子的"温、良、恭、俭、让"对于现代人依然有至关重要的指导意义，启示我们遇到不舒心的人与事，要尽量做到心平气和、态度温和，避免情绪化；遇到矛盾分歧时，我们要学会与人为善，换位思考，努力实现双方的彼此理解；生活中，我们要做到勤俭节约，反对奢华浪费；人际关系中，我们要懂得谦让，态度谦逊。

1.13 【原文】

yǒu zǐ yuē　　xìn jìn yú yì　yán kě fù yě　　gōng jìn yú lǐ　yuǎn chǐ rǔ yě　　yīn
有子曰："信近于义，言可复也。恭近于礼，远耻辱也。因
bù shī qí qīn　yì kě zōng yě
不失其亲，亦可宗也。"

【译文】

有子说："合乎道义的承诺应该兑现，也就有了再次的话语权。合乎礼仪的恭敬行为可以避免人辱和自辱。要亲近自己所仰慕的人，这样就有了依靠。"

【英译】

Youzi said, "When agreements are made based on righteousness, commitments should be kept. When reverence is shown according to propriety, one can keep away from shame in the communication. Keep close to the virtuous, one can have his companions."

【思考与感悟】

与人交往要恪守信用，但不是任何时候都要这么做，只有符合正义的要求时，才有必要恪守信用。如果答应别人的行为是被迫的、非正义的，就不能也不必讲究信用。孔子周游列国到陈国的时候，恰逢叛乱，于是孔子带领弟子们离开了陈国，前往卫国。但是到达卫国蒲地的时候，不巧当地也发生了叛乱，叛军害怕孔子去卫国都城通风报信，威胁到自己的权力和安危，于是下令不准孔子出城。但叛军知道孔子声名远扬，也不敢把孔子怎么样，于是提出：如果孔子一行人发誓不去卫国都

城,就可以放过他们。孔子危难情况下不得不向天盟誓。可刚一离开蒲地,孔子马上命令弟子直奔卫国都城帝丘。弟子子贡非常不解地问老师道:"盟可负邪?"孔子笑嘻嘻地回答道:"要盟也,神不听。"说完,一行人就直奔卫国去了。

与人相处要态度恭敬,但恭敬并非卑躬屈膝、低三下四、阿谀奉承,也并非对任何人在任何时候都要恭敬。恭敬待人,但要符合礼貌原则,要符合礼的要求,只有这样的恭敬才不会自辱或被辱。"恭近于礼,远耻辱也。"这也告诉现代人,人与人之间交往,分寸感很重要,度要把握得恰到好处。

1.14 【原文】

zǐ yuē　　jūn zǐ shí wú qiú bǎo　　jū wú qiú ān　　mǐn yú shì ér shèn yú yán　　jiù yǒu dào
子曰:"君子食无求饱,居无求安,敏于事而慎于言,就有道

ér zhèng yān　　kě wèi hǎo xué yě yǐ
而正焉,可谓好学也已。"

【译文】

孔子说:"君子饮食不要求吃饱与吃好,居住不要求舒适与安逸。工作上做事勤勉,平时说话谨慎,而且到有道德的人那里请教以匡正自己,这样就可以称得上是好学了。"

【英译】

Confucius said, "A moral man does not try to satisfy his appetite or his dwelling place but works seriously and talks cautiously. Additionally, he approaches the Way to correct and improve himself. That can be said to love learning."

【思考与感悟】

君子往往重视精神追求,以至无暇在意物质享受,甚至废寝忘食。子在齐闻《韶》,三月不知肉味。曰:"不图为乐之至于斯也!"(孔子在齐国听到《韶》这种乐曲后,很长时间内即使吃肉也感觉不到肉的滋味,他感叹道:"没想到音乐欣赏竟然能达到这样的境界!")孔子在齐学习韶乐,全情投入,进入了"心流状态",故而忘记了

肉味,由此可想而知孔子丰富的精神圣境。子曰:"君子欲讷于言而敏于行。"职场中那些潜心钻研业务的骨干,一般不夸夸其谈,而是安于清贫,在别人眼里,也许觉得这些人活得好苦,事实上他们内心充盈,反而自觉很富有,因为他们进入了一种忘我的状态,这些人往往热爱学习,勤于探索,为人谦虚,乐于求教。

"敏于事而慎于言,就有道而正焉"对于现代社会的人们具有重要的指导价值。现代社会,很多人追求物质财富和及时享乐,忽视了对精神世界的培养。其实,在生活节奏快、工作压力大的情况下,更应该学会放松心情,关注精神世界。比如,我们可以利用闲暇时间,进行有意义的阅读,丰富内心世界;可以放下手机,多一些对家人的陪伴,少一些焦虑和浮躁;与人交流时说话慢一点,声音柔软一点,态度谦逊一点,这些都有助于我们心境平和、生活恬静,达到一种自觉的美好心境。

1.15 【原文】

zǐ gòng yuē pín ér wú chǎn fù ér wú jiāo hé rú zǐ yuē kě yě wèi ruò
子贡曰:"贫而无谄,富而无骄,何如?"子曰:"可也。未若

pín ér lè fù ér hào lǐ zhě yě zǐ gòng yuē shī yún rú qiē rú cuō rú zhuó rú
贫而乐、富而好礼者也。"子贡曰:"《诗》云'如切如磋,如琢如

mó qí sī zhī wèi yú zǐ yuē cì yě shǐ kě yǔ yán shī yǐ yǐ gào zhū wǎng ér
磨',其斯之谓与?"子曰:"赐也,始可与言《诗》已矣,告诸往而

zhī lái zhě
知来者。"

【译文】

子贡说:"贫穷却不巴结奉承,不自卑;有钱却不骄傲自大,不凌弱,怎么样?"孔子说:"可以了。但是还不如虽贫穷却乐于道,纵有钱却谦虚好礼。"子贡说:"《诗经》上说'要像对待骨、角、象牙、玉石一样,先开料,再锉,再细刻,然后磨光',那就是这样的意思吧?"孔子说:"赐呀,现在可以同你讨论《诗经》了,因为你已经能举一反三了,能从我说过的话中领悟到我将要说的话。"

The disciple of Confucius，Zigong asked，"What do you think of a gentleman who is poor but free of flattery and who is rich but free of being arrogance?" Confucius replied，"Sounds great，but he is not so good as a gentleman who is poor but delighted in learning or who is rich but courteous." Zigong said，"It goes like this in the Book of Songs：'Like cutting，filing，carving and polishing jade ornament. Is it what you are talking about?" Confucius said，"Oh Ci! We can start to discuss the Book of Songs. You can perceive what I am going to say from what I said about it before."

【思考与感悟】

子贡向孔子请教对待贫富的态度。子贡的话暗含自己就是那种"富而无骄"之人，希望得到老师的肯定。孔子从"乐道""好礼"两个角度使子贡的贫富观上升了一个层次，同时也间接地告诉子贡要谦虚谨慎。孔子最喜欢的学生颜回，就是孔子口中"贫而乐"的人。子曰："贤哉回也！一箪食，一瓢饮，在陋巷，人不堪其忧，回也不改其乐。贤哉，回也！"(孔子说："真是个大贤人啊，颜回！用一个竹器盛饭，用一只瓢喝水，住在简陋的巷子里。别人都忍受不了那穷困的忧愁，颜回却能照样快活。真是个大贤人啊，颜回！")颜回贫而乐道，即使穷困潦倒，仍能不懈地在道德学问上磨砺研究，不满足于小成，这种安贫乐道的精神是值得我们后人景仰和学习的。

当然，追求物质财富，过上富足的幸福生活也是人之常情，是可以通过自己的努力奋斗实现的。但是人不能在富贵中迷失自我，更不能富而不仁，应该富而好礼，在自己能力范围之内多帮助困难人士，积极奉献爱心，热心公益，努力回馈社会。

1.16 【原文】

zǐ yuē　　bú huàn rén zhī bù jǐ zhī　huàn bù zhī rén yě
子曰："不患人之不己知，患不知人也。"

【译文】

孔子说:"不要担心别人不了解自己,而要担心自己不了解别人。"

【英译】

Confucius said,"It does not bother me that other people do not understand me,but what bothers me is that I do not understand others."

【思考与感悟】

"不患人之不己知"向我们展示的是一种不求闻达的态度。功名利禄乃身外之物,不断丰富自己的内涵才是最重要的。做人不能浮躁,不能为了出人头地才不断地学习,不能为了被看见才努力工作。当然,这并不是要求我们将自己的才华全部隐藏起来,而是告诉我们潜心修炼,功到自然成,无须急于求成,因为是金子总会发光。"患不知人也"向我们展示的是一种包容谦逊的态度。"人上有人,天外有天。""尺有所短,寸有所长。"每一个人都有我们可以学习的地方,总有比我们更强的人,只有低调做人,怀有一颗谦卑的心,才能不被名利所困。人际交往中,对于自己的优点和长处,不要急于显现,更不要过分夸耀;应多关注对方,多站在对方的角度思考问题,给予对方充分的尊重与理解。

子曰:"人不知而不愠,不亦君子乎?"(孔子说:"别人不了解我但我不生气、不恼怒,不就是道德高尚、有修养的君子吗?")把自己的人生模式调成"静音模式",认认真真生活、踏踏实实工作、潜心提高自己,为社会贡献更大的价值,何愁别人不了解自己呢?"不患人之不己知"是一种内心安宁、心灵通透的洒脱。当外界的人或事使人不悦时,我们可以用"患不知人也!"来与他人共情,传递人文关怀并达到自我疏导和自我疗愈的效果。

为政篇

2.1 【原文】

zǐ yuē   wéi zhèng yǐ dé   pì rú běi chén   jū qí suǒ ér zhòng xīng gǒng zhī
子曰："为 政 以 德,譬如北 辰,居其所而 众 星 共 之。"

【译文】

孔子说："如果统治者能用德行来治理国家,那么他就会像北极星一样,安居其所,百姓就像所有的星辰一样都环绕着他。"

【英译】

The Master said, "He who governs his state by means of virtue may be compared to the Pole Star, which stays its place while the other stars all cluster around it."

【思考与感悟】

"为政以德"有两层涵义:一是指统治者施行仁政,用德行治理国家;二是统治者是百姓的榜样和表率,用道德和品行去感化百姓,使百姓内心归依,心悦诚服。孔子坚持正人先正己的道德原则。季康子问政于孔子,孔子对曰:"政者,正也。子帅以正,孰敢不正?"(季康子向孔子询问为政方面的事,孔子回答说:"为政,你首先要正直、端正,你自己先做到端正,谁还敢不端正?")"正人先正己"不仅适用于治国理政、行政管理,而且适用于教育事业,包括家庭教育和学校教育。

在教书育人的过程中,每当教育者说教学生,对学生提出要求时,首先自问:"我自己做到了吗?"一个具有良好品格和渊博知识、有强烈的责任感和使命感,并热爱学习和生活的教师,总能有较强的感召力和凝聚力,能较快地取得学生的信任,并有效地影响学生努力上进。家庭教育过程中,当责备孩子不好好学习、喜欢玩手机、玩游戏时,为人父母的也自问一声:"我好好工作了吗? 我读书了吗? 我是不是也常常玩手机、玩游戏甚至打麻将?"其实,父母好好工作、积极向上的样子就是孩子好好学习、努力拼搏的样子。父母是原件,孩子是复印件;孩子是父母的镜子,父母是孩子的榜样。身教大于言传。

2.4 【原文】

zǐ yuē   wú shí yòu wǔ ér zhì yú xué   sān shí ér lì   sì shí ér bú huò   wǔ shí ér zhī
子曰:"吾十有五而志于学,三十而立,四十而不惑,五十而知
tiān mìng   liù shí ér ěr shùn   qī shí ér cóng xīn suǒ yù   bù yú jǔ
天命,六十而耳顺,七十而从心所欲,不逾矩。"

【译文】

孔子说:"我十五岁就立志学习;三十岁能有所成就;四十岁能不被外物所迷
惑;五十岁能知晓自然法则;六十岁能广泛听取不同言论,有所体悟;七十岁能随心
所欲而不超出规矩。"

【英译】

The Master said, "At fifteen, I resolved to learn. At thirty, I achieved
something. At forty, I was not tempted by external stuff. At fifty, I knew the law
of nature. At sixty, I learned to give ear to others. At seventy, I could follow my
own heart without overstepping what was right."

【思考与感悟】

孔子三岁丧父,和母亲相依为命。子曰:"吾少也贱,故多能鄙事。"那么孔子是
如何破茧成蝶,完美蜕变的呢? 是志向和好学。"志"是心之所向,是个体生命的内
在动力;"学"是个体成长的源泉。孔子"吾十有五而志于学",从此依照"志于道,据
于德,依于仁,游于艺"全面发展,一生安贫乐道,构建"大同社会"。孔子这样评价
自己的生命状态:"发愤忘食,乐以忘忧,不知老之将至!"

我们每个人是生命的主宰,人生由自己谱写。人非生而知之,只有通过学习才
能不断成长。孔子将学习获得知识的方式分成三个不同的境界,即"生而知之""学
而知之""困而学之"。孔子曰:"生而知之者,上也;学而知之者,次也;困而学之,又
其次也。困而不学,民斯为下矣。"(孔子说:"生来就知道的,是上等;经过学习后才

知道的,是次等;遇到困惑疑难才去学习的,是又次一等了;遇到困惑疑难仍不去学习的,这种人就是下等的了。")孔子评价自己不是生而知之的一类。子曰:"我非生而知之者,好古,敏以求之者也。"孔子属于"学而知之",我们大多数人属于"困而学之"。家境贫寒,学习改变家族命运;亲子关系紧张,学习学会有效沟通;等等。学习助力改善现状,走出困境。可悲的是,有些人即使深陷困境,依然执迷不悟,听天由命。

2.7 【原文】

<ruby>子<rt>zǐ</rt></ruby><ruby>游<rt>yóu</rt></ruby><ruby>问<rt>wèn</rt></ruby><ruby>孝<rt>xiào</rt></ruby>,<ruby>子<rt>zǐ</rt></ruby><ruby>曰<rt>yuē</rt></ruby>:"<ruby>今<rt>jīn</rt></ruby><ruby>之<rt>zhī</rt></ruby><ruby>孝<rt>xiào</rt></ruby><ruby>者<rt>zhě</rt></ruby>,<ruby>是<rt>shì</rt></ruby><ruby>谓<rt>wèi</rt></ruby><ruby>能<rt>néng</rt></ruby><ruby>养<rt>yǎng</rt></ruby>。<ruby>至<rt>zhì</rt></ruby><ruby>于<rt>yú</rt></ruby><ruby>犬<rt>quǎn</rt></ruby><ruby>马<rt>mǎ</rt></ruby>,<ruby>皆<rt>jiē</rt></ruby><ruby>能<rt>néng</rt></ruby><ruby>有<rt>yǒu</rt></ruby><ruby>养<rt>yǎng</rt></ruby>。<ruby>不<rt>bù</rt></ruby><ruby>敬<rt>jìng</rt></ruby>,<ruby>何<rt>hé</rt></ruby><ruby>以<rt>yǐ</rt></ruby><ruby>别<rt>bié</rt></ruby><ruby>乎<rt>hū</rt></ruby>?"

【译文】

子游问什么是孝,孔子回答:"当今的孝,是指那些能赡养父母的人。对于狗、马之类的动物都能饲养,如果儿女内心没有敬重父母的情感,那和饲养狗、马有什么区别呢?"

【英译】

Ziyou, the disciple of Confucius, asked about filial piety. Confucius answered, "Nowadays, filial piety refers to supporting one's own parents, but one can also feed animals like dogs or horses. If one can't revere his parents, there is no difference between treating parents and raising animals."

【思考与感悟】

"百善孝为先"是中华民族的优良传统。孔子孝道提出了"居敬、养乐、病忧、丧哀、祭严"五方面的要求,究其本质,就是"诚敬"。《孝敬·纪孝行章第十》中记载,子曰:"孝子之事亲也,居则致其敬,养则致其乐,病则致其忧,丧则致其哀,祭则致其严,五者备矣,然后能事亲。"(孔子说:"有孝心的儿女在孝敬他们的父母时,在日常生活中,谨慎恭敬;在奉养父母时,和颜悦色;父母生病时,心存忧虑,想方设法为父母减轻病痛;父母过世后,心怀哀戚;祭拜父母时,庄严恭敬。以上五个方面具备了,才算做到了侍奉双亲而行孝。")孔子的孝道思想强调在侍奉父母时要重视其精神世界。

现代社会的孝顺,并不一定要子女事无巨细地照顾父母,以致无暇打拼事业或照顾自己的小家庭,而是在满足父母物质需求的情况下,要多关心和陪伴父母,给予父母以心灵抚慰。"孝顺"的中心词是"顺",让父母顺心顺意、养父母之身、养父母之心、养父母之志,使父母身心愉悦。老人安享晚年既是子女孝顺的表现,也是社会文明的重要标志,更是社会主义优越性的重要体现。

2.8 【原文】

子夏问孝,子曰:"色难。有事,弟子服其劳;有酒食,先生馔;曾是以为孝乎?"

【译文】

子夏问什么是孝道,孔子说:"侍奉父母,发自内心地保持和颜悦色最难。遇到事情,年轻人去做;有好吃好喝的,让老年人享用,做到这些,难道就认为是孝了吗?"

【英译】

Zixia asked what filial piety was. The Master said, "The difficulty is with the attitude of children and their facial expression. When there is something troublesome to do, it's up to young people to relieve their parents of the toil; When there's something delicious to eat, offer it to the elderly to enjoy. Is that enough considered filial piety?"

【思考与感悟】

一般的人认为孝顺就是不让父母劳动,供养父母好吃好喝,因而生活中,时不时有子女态度严厉,理直气壮地责备父母爱干活、不休息、不享受生活、不花钱等,这样的行为表面上是孝顺,其实只是满足了自己的私欲罢了,并没有照顾到父母的意愿和感受,不是真正意义上的孝。老一辈的生长环境塑造了他们的思维方式和生活方式,我们可以劝谏长辈晚年该歇歇了,该享受生活了,但不可以将自己的意愿和生活方式强加给父母,更不可以出言不逊。其实,有时顺着父母的意愿,只要他们开心就好,这也是一种孝顺的表现。

纵使父母有时有过错,想强力劝告父母,那也要注意说话的态度和口吻。《弟子规》中记载:"亲有过,谏使更,怡吾色,柔吾声。"如果自己的父母有什么过错,应该指出来告诉他们哪里错了,让他们改正,但在告诉他们的时候要注意态度,劝导时应该和颜悦色、态度诚恳,说话的时候语气要轻柔。任何高质量的沟通都是建立在良好关系的基础之上的。

2.9 【原文】

zǐ yuē　　wú yǔ huí yán zhōng rì　bù wéi　rú yú　tuì ér xǐng qí sī　yì zú yǐ
子曰,"吾与回言 终 日,不违,如愚。退而省其私,亦足以
fā　huí yě bù yú
发,回也不愚。"

【译文】

孔子说:"我整天给颜回讲学,他从不提问题也不表达不同的看法,看起来像个愚钝的人。但是,等他从我这里离开后,我观察他平时的言论和行为,发现他对我所讲的内容有所发挥,可见颜回并不愚钝。"

【英译】

Confucius said,"I teach Yan Hui all day long, but he never objects to what I said as if he were a fool. After lessons, I observe his conduct and find he could put what was learned into practice. Hui is not foolish at all."

颜回是孔子最得意的学生,他的学习方法和态度对现代青年人有重要的借鉴价值。颜回学习态度谦卑,拥有空杯心态。他不仅能够静心理解老师教授的知识,而且能在"做中学",做到学以致用、举一反三和融会贯通。颜回上课时,默默地认真听讲,始终以接收者的态度学习,似乎很愚笨,其实,他的沉默恰恰说明他在理解、消化、思考和内化知识,映衬出了他的聪慧。孔子通过观察发现颜回平时的言行举止能把所学知识和技能发挥地淋漓尽致,从而认定颜回不愚。这告诉我们当代人,学习时,先不要急于质疑,而要踏踏实实,默而知之,善于思考、善于实践,然后拓展运用和创新发挥。另外,我们观察一个人要有耐心、要全面,既要看到优点也要看到缺点,不要急于议论和评判,让时间和事实来说话。

2.10 【原文】

zǐ yuē　　shì qí suǒ yǐ　guān qí suǒ yóu　chá qí suǒ ān　　rén yān sōu zāi　　rén yān
子曰:"视其所以,观 其所由,察其所安。人焉廋哉?人焉
sōu zāi
廋哉?"

【译文】

孔子说:"了解一个人,看他的所作所为,观察他为了达到一定的目的而采取的方法,了解他做这件事时的内心和动机。用这种方法,他的真情与假意又怎么能隐藏得住呢?"

【英译】

Confucius said, "Watch what a man does, observe the methods he uses to pursue a certain goal, examine his motives when he does it. In this case, how can he hide his true self? How can he hide his true self?"

【思考与感悟】

俗话说:"路遥知马力,日久见人心。"识人知人不容易,是一门高深的学问。孔

子从"视""观""察"三个由浅入深的角度为我们提供了一套知人识人的好方法。"视",义为"看",用眼睛看发生的事,是一般性的知觉活动,看到的是事实,但未必正确;而"观",是指对事物进行有目的的观察,并进行认识和判断,带有精神性与主动性的特征,其结果也未必客观;"察",有考察的意思,是在"视""观"基础上的加工和反思,是知觉活动的后设性行为,其结果更全面、更有说服力。钱穆先生说:"孔子教人以观人之法,必如此多方观察,其人之人格与心地,将无遁形。"

孔子的"视""观""察"识人三部曲,有助于我们知人识人,在选人才、交友、择偶等方面有着巨大的指导价值。比如,人事管理部门学会知人,有助于其发现贤才,为其单位所用;普通人学会识人,有助于交到良师益友;青年人学会识人,有助于找到人生幸福伴侣。反之,如果交友不慎或遇人不善,我们就会陷入烦恼甚至灾难,因为人际关系的好坏制约着我们的生活和事业。学会孔子的识人三部曲有利于增强我们的识人能力。

2.11 【原文】

zǐ yuē wēn gù ér zhī xīn kě yǐ wéi shī yǐ
子曰:"温 故 而 知 新,可 以 为 师 矣。"

【译文】

孔子说:"在温习旧知识时,能从中得到新的理解和体会,凭借这一点就可以当别人的老师了。"

【英译】

Confucius said,"If a person reviews his old knowledge and acquires something new,he may become a teacher of others."

【思考与感悟】

本章是大家耳熟能详的论语内容,其中"故"指学过的知识或者过去的一段历史,"新"是指新的体会或新的见解。细究深挖发现,"温故而知新"至少包含三层含义。第一,只有不断温习学过的知识,才有可能得到新的感悟;第二,温习功课的过程中要不断深入思考,力争获得新领悟;第三,回顾过去一段经历可以汲取经验教训,帮助我们更好地过好当下。朱熹在《论语集注》中曾提及:"言学能时习旧闻,而每有新得;则所学在我,而其应不穷,故可以为师。"与"温故而知新可以为师矣!"有异曲同工之效,在温故的基础上科学分析、举一反三、融会贯通,最后才能得到新的发现、新的领悟、新的启示。在碎片化知识爆炸的互联网时代,那些历经时间考验的经典著作,依然值得我们不断温习,不断温习经典,就能更好地诠释"温故而知新可以为师矣!"的道理,也能感受到其绝妙之处。

2.15 【原文】

子曰:"学而不思则罔,思而不学则殆。"

zǐ yuē xué ér bù sī zé wǎng sī ér bù xué zé dài

【译文】

孔子说:"光学习而不思考就会使人迷惘无所得,相当于白学;光思考而不学习就会疑惑不解,甚至害人害己。"

【英译】

Confucius said, "Learning without thought is futile; thought without learning is perilous."

【思考与感悟】

有人说:"人生两大悲哀之一是毕业以后不再学习。"不学习就意味着观念落后,知识陈旧,思维固定,久而久之注定陷入人生瓶颈。拒绝学习,就是拒绝成长,所以,不断学习、终身成长是每个人的不二选择。

学不得法不如不学。孔子的"学而不思则罔,思而不学则殆"给现代人提供了一个很好的学习方法和成长途径。学思结合,相得益彰,事半功倍。学是思的基础,知识是思考的载体;思是学的方法,思考建立在知识的基础上。学与思结合,才有可能产生接近真理的想法,有了想法,才可能把思考与实际结合起来,正如"纸上得来终觉浅,绝知此事要躬行"。有时,我们成长缓慢,很大程度上是想得太多,学得太少,做得太少。

人生路上的很多棘手问题的解决都离不开学习、思考、实践、再学习、再思考、再实践这样的无限循环。缺少了任何一环,都有可能遭遇挫折甚至危险。"纸上谈兵"就是一个典型的历史教训。

2.18 【原文】

子张学干禄。子曰:"多闻阙疑,慎言其余,则寡尤;多见阙殆,慎行其余,则寡悔。言寡尤,行寡悔,禄在其中矣。"

【译文】

子张请教孔子求得官职俸禄的方法。孔子说:"多听,把不明白的事情放到一边,谨慎地说出那些真正懂得的,就能少犯错误;多观察,不明白的就保留心中,谨慎地实行那些真正懂得的,就能减少事后懊悔。言语少犯错误,行动很少后悔,那么你想要的官职俸禄就在这个道理里面了。"

【英译】

Zizhang was consulting with Confucius about an official appointment. Confucius said, "Hear much and put aside what you are in doubt, while talking cautiously about other affairs. In this way, you will have few faults. See much and put aside what you don't understand, while putting what you understand into practice cautiously. In this way, you will have few regrets. With few faults in words and few regrets in actions, the career way will be open for you."

【思考与感悟】

　　孔子一生周游列国,虽没怎么受到诸侯国君的重用,但他自己以及他培养的很多担任官职的弟子,很少因为言行不当招来祸患,例如,子贡曾任鲁国和卫国两国宰相。而且孔子的诸多为政之道是经过历史长河考验,在今天依然具有重要的参考价值,例如,本章的子张学干禄,孔子曰:"言寡尤,行寡悔,禄在其中矣。"

　　子张比孔子小四十八岁,正是年轻有为、意气昂扬的时候,便很坦率直接地问老师怎样求得官职。年轻人往往积极向上,但又心浮气躁;目标远大,但又急功近利。这些都是正常现象,但如果在职场中不加注意,说错话或办错事,势必会使自己尴尬或难过,导致人际关系紧张和职场困境,所以孔子告诉子张身处政界要慎言慎行,做到言语上少有错误,行动上少有懊悔,谋取官禄也就不难了。年轻人需要历练,不管在职场还是在日常人际交往中,要慎言慎行,做事三思而后行,以避免锋芒外露而引起不必要的麻烦和痛苦。所以做正确的事、说正确的话,对于初涉人世的年轻人至关重要,其实,这样做也有益于人际关系和谐与自身身心健康。

2.22 【原文】

zǐ yuē　　rén ér wú xìn　bù zhī qí kě yě　　dà chē wú ní　xiǎo chē wú yuè　qí hé
子曰:"人而无信,不知其可也。大车无輗,小车无軏,其何

yǐ xíng zhī zāi
以行之哉?"

【译文】

　　孔子说:"一个人如果没有信用,真不知道他还可以做什么,拿什么为人处世,就像牛拉的车没有车辕与轭相连接的木销子,马拉的车没有车杠与横木相衔接的销钉,那车子靠什么行走呢?"

【英译】

Confucius said, "I don't know how a person without trustworthiness gets by in society? How can a large carriage go without the cross-bar for yoking the oxen?

How can a small cart go without the collar-bar for yoking the horses?"

【思考与感悟】

在古代,牛拉的车叫大车,马拉的车叫小车,大小车皆有辕,以为牛马引车之用。辕端接一横木,辕端与横木相接处,各凿圆孔相对,以金属物贯穿之,使辕端与横木能活动自如。此金属贯穿物,大车称为輗,小车称为軏,是大小车行动之关键。车没有輗或軏就无法行走,就像人没有诚信无法立足社会一样。孔子用輗与軏的例子告诉人们信用、信誉和诚信的重要性。

诚信是社会主义核心价值观的重要内容之一,诚乃立身之本,信乃道德之基。诚信是公民道德的基石,既是做人做事的道德底线,也是社会运行的基本条件。人没有了诚信,便成了孤家寡人,失去了立足社会的基础。人与人之间有诚信作为道德支撑,才能形成良性互动,良好的社会秩序也能得以维护。简言之,诚信就是不撒谎、不欺诈,以诚待人、以信取人,说老实话、办老实事、做老实人。

八佾篇

3.1 【原文】

kǒng zǐ wèi jì shì　　bā yì wǔ yú tíng　shì kě rěn yě　shú bù kě rěn yě
孔子谓季氏："八佾舞于庭,是可忍也,孰不可忍也?"

【译文】

孔子谈到季孙氏说:"他享用天子才能用的八佾在庭院中奏乐舞蹈,这样的事都狠心做得出来,还有什么事不能狠心做出来呢?"

【英译】

Confucius said of the head of the Ji family,"He had eight rows of dancers perform in his area. If he could stand to do this, what would he not dare to do?"

【思考与感悟】

古代乐舞中,一行八人为佾,周天子用八佾,诸侯用六佾。季氏是当时把持鲁国权力的三大家族之一,是卿大夫级别,只能用四佾。季氏越过了鲁君的待遇,竟然享用天子的规格,于理不通,于法不容,于情不合,这种行为在古代被称为"僭越"。鲁国大夫季氏用"八佾舞于庭"享受着天子的待遇,这种僭越行为在当时就是公然挑战法律和君权,使国家管理日渐混乱,民风民俗日趋恶化,被百姓讨伐,被后人唾弃。"季氏八佾舞于庭"这个故事对现代人依然有一定的警示意义。遵纪守法是每个公民应尽的社会责任和道德义务,是保持社会和谐安宁的重要条件。日常工作和学习中我们要严格遵守各种规章制度。在家,孝敬父母,尊敬长辈,爱护孩子,长幼有序。在职场,尽忠职守,鼎力合作,朋友有信。只有各安其位、各尽其职、遵纪守法,才能共筑和谐社会。

人通过享乐,并不能获得真正的快乐,只有通过服务他人、奉献社会,才能收获持久的快乐,实现人生价值。美国哈佛大学沙哈尔教授在《幸福的方法》一书中提到用"幸福催化剂"来增加幸福感。在家,为家人端上一杯水,是一种"幸福催化剂";在办公室,倒掉装满垃圾的垃圾桶,是一种"幸福催化剂";在路上,机动车为过马路的行人让行，是一种"幸福催化剂"；日常遇到熟人，送上温暖的问候，是一种"幸福催化剂"……幸福与快乐是意义和价值赋予我们的，帮助他人，服务社会，找到有意义的人生目标，才能享受到真正的快乐。

3.4 【原文】

lín fàng wèn　lǐ zhī běn　　zǐ yuē　　dà zāi wèn　　lǐ　yǔ qí shē yě　nìng jiǎn
林 放 问 礼 之 本 。子 曰:"大 哉 问! 礼, 与 其 奢 也, 宁 俭;

sāng　yǔ qí yì yě　nìng qī
丧 , 与 其 易 也, 宁 戚。"

【译文】

林放向孔子问礼的根本。孔子说:"这个问题问得好,意义重大呀! 就礼节而言,与其奢侈,不如节俭;就丧礼而言,与其办得周全,不如内心悲戚。"

【英译】

Lin Fang ask Confucius for the essence of the Rites. Confucius said，"What a significant question it is! In terms of the Rites，it is better to be thrifty rather than be extravagant；In terms of funeral rituals，better to be sorrowful rather than be thorough."

【思考与感悟】

"礼"是用来约束和规范人的行为的,有利于维持社会秩序。"礼,与其奢也,宁俭"倡导节俭。勤俭节约、艰苦朴素是中华民族的优良传统,节用裕民,节俭兴国。当然,现代社会所提倡的节俭不是指节衣缩食,而是减少不必要的铺张浪费和奢华排场。孔子的"饭疏食,饮水,曲肱而枕之,乐亦在其中矣"以及弟子颜回的"一箪食,一瓢饮,在陋巷,人不堪其忧,回也不改其乐"的安贫乐道精神,依然值得我们现代人学习。

"丧,与其易也,宁戚"告诉人们丧礼贵在真诚和悲伤,无需过度形式主义。诚然,一些地区仍然存在着丧葬陋习,如豪华大葬、盲目攀比、讲排场、比阔气、花重金建坟墓等,还有大肆放鞭炮、大面积焚烧等,这样既造成自然环境污染,还引起不必要的浪费。我们要按照新时代社会主义道德规范约束自己的行为,这些陋习一定会日渐消亡。

3.7 【原文】

子曰:"君子无所争,必也射乎!揖让而升,下而饮。其争也君子。"

【译文】

孔子说:"君子与人无争,如果有竞争的话,那一定是射箭比赛了!比赛前,先相互作揖谦让,再上场比赛。赛后下堂饮酒,互相祝贺致敬。这样的竞争就是君子之争。"

【英译】

Confucius said,"A gentleman has no other competition with others except the archery matches. Gentlemen always have their bow gestures before having the match. After shooting the arrows,they will have wine to express their congratulations and respects. Such competition exactly shows the spirit of the gentleman."

【思考与感悟】

在古代,射箭乃古代礼、乐、射、御、书、数六艺之一,射箭比赛是选拔人才的重要形式,也是贵族阶级的娱乐项目。君子即使有争也是彬彬有礼地进行射箭比赛。射箭前作揖以示礼让;赛后无论胜负都要以共饮的形式表达谦逊和礼让。"射礼"是孔子"礼"思想的重要内容,奠定了中国古代体育的精神之源。孔子教导儿子伯鱼时,反复强调:"不学礼,无以立"。钱穆《论语新解》中说:"人不知礼,耳目无所加,手足无所措,如何自立为人?"可见,礼对于君子的"立"十分重要,恭敬辞让、以礼而行,不仅是君子必备的德行,也是个人立身之本。

  竞争是个人成长和社会进步的动力。中华民族伟大复兴离不开核心竞争力,只有树立强烈的竞争意识,提高核心竞争力,才能永远屹立于世界的东方。个人修养的提升和成功也离不开竞争。竞争有时也能将一个人的智慧、能力、精力和潜力发挥到最大化,从而更好地进步。但是,倘若始终将自己局限在狭隘天地中,仅与自己周围的人竞争,就会陷入困境,只有拓宽眼界,放大格局,将自己的努力方向和国家的发展规划紧密连接,才能挖掘出更大的动力,取得更有意义的成功。《弟子规》中有言:"唯德艺,唯才艺,不如人,当自励。"与人竞争,多比能力和品德,少比名利和享乐,才能越走越远,人生道路越来越宽。一个人的视野高度和宽度决定了他的人生厚度和长度。

3.15 【原文】

子入太庙,每事问。或曰:"孰谓鄹人之子知礼乎?入太庙,每事问。"子闻之,曰:"是礼也。"

【译文】

  孔子到了周公庙,每件事情都发问。有人便说:"谁说鄹人叔梁纥的儿子懂得礼呢? 他到了太庙,每件事都要向别人请教。"孔子听说了这话,便道:"这正是礼呀!"

【英译】

When Confucius arrived at the Ancestral Temple, he asked about everything. Someone said, "Who said the son of the man of Zou knows the rituals? When he entered the Imperial Ancestral Temple, he asked others for everything." When Confucius heard this, he said, "Asking is part of the ritual."

【思考与感悟】

  《史记》中记载,孔子出生在鲁国昌平乡鄹邑。鄹人就是孔子的父亲叔梁纥;鄹人之子指的是孔子。"子入太庙,每事问。"表现出孔老夫子谦虚好学、为人谦逊、不耻下问的为人处世和严谨治学的态度。请教与询问不仅是对他人的一种尊重,而且体现了"君子泰而不骄"。有学者考证说"子入太庙"这件事应该发生在孔子年轻时,从政不久,经验不足,加之虚心谨慎,于是每件事都求证,因而其学问被质疑。

"子入太庙"的故事对我们现代人,尤其是初涉职场的年轻人有一定的启示。初入职场,先虚心学习,多观察,向有经验的前辈请教,静心苦练基本功,潜心沉淀知识储备,再谋求崭露头角,创新发展,渐渐走向成功。反之,可能会碰得头破血流,阻碍自己成长的步伐。

3.24 【原文】

仪封人请见,曰:"君子之至于斯也,吾未尝不得见也。"从者见之。出曰:"二三子何患于丧乎? 天下之无道也久矣,天将以夫子为木铎。"

【译文】

仪地的边疆官员请求见孔子,说:"到这个地方的君子,我没有见不到的。"孔子的弟子们领他见了孔子。出来以后,他说:"你们这些人为什么要担心失去官位呢? 天下无道已经很久了,上天将以夫子为木铎来宣布政教法令,教化天下。"

【英译】

The border official of Yi requested to see Confucius, claiming, "I never fail to see any gentleman who passed through here." The disciples of Confucius took him to pay a visit to the Master. When he came out, he said to the disciples, "Why do you worry about losing your official positions? There has been no Way in the world for a long time. Heaven will let Confucius as a wooden-tongue bell educate and civilize people in the world."

【思考与感悟】

仪封人拜见了孔子之后,感叹道:"天将以夫子为木铎。"木铎就是铜质木舌的铃铛。在古代国家发布政教法令时,摇动这种铃铛来召集百姓。可见,仪封人已经被孔子的道德修养和精神境界所折服,给予孔子完美的评价,可以说孔子是言传身教的处世楷模。德国著名哲学家雅斯贝尔斯说:"教育的本质是一棵树摇动另一棵树,一朵云推动另一朵云,一个灵魂召唤另一个灵魂。"毫不夸张地说,孔子深谙教育的精髓,他的教育思想唤醒了仪封人的灵魂。

孔子的人格魅力和教育思想对现代教育工作者有至关重要的指导意义。孔子被誉为"万世之师",是教育工作者永远学习的楷模。习近平总书记反复强调:"教师是教育发展的第一资源,是国家富强、民族振兴、人民幸福的重要基石。"他也提出了"'四有'好老师"要求,即要有理想信念、有道德情操、有扎实学识、有仁爱之心。好老师是"经师"与"人师"的统一和完美结合,因为"老师对学生的影响,离不开老师的学识和能力,更离不开老师为人处世、于国于民、于公于私所持的价值观"。

3.26 【原文】

zǐ yuē　　jū shàng bù kuān　wéi lǐ bú jìng　lín sàng bù āi　wú hé yǐ guān
子 曰:"居 上 不 宽,为 礼 不 敬,临 丧 不 哀,吾 何 以 观
zhī zāi
之 哉?"

【译文】

孔子说:"为政者待人不宽厚,行礼不庄重严肃,参加丧礼不哀伤,面对这种情况,我怎么能看得下去呢?"

【英译】

Confucius said,"Staying in high position without leniency, performing the

Rites without reverence and attending a funeral without sorrow. How can I stand to see these behaviors?"

【思考与感悟】

孔子十分注重为政者的模范带头作用所产生的影响力,他提倡处在上位的为政者先正己,这样就可以不令而行,上行下效,在老百姓心中树立威信。孔子主张"政者,正也。子帅以正,孰敢不正?""其身正,不令而行;其身不正,虽令不从。""宽""敬""哀"是孔子对统治者精神层面提出的要求,"宽"即宽容、宽厚;"敬"指参加礼仪活动时要内心虔诚、态度恭敬;"哀"是一种内心柔软的情感,是参加丧礼应有的哀戚之情。处于上位的人,要考量自己的言谈举止、音容笑貌,因为他们不仅代表着上位者的个人德行,还会对百姓产生深刻影响。

孔子面对"居上不宽,为礼不敬,临丧不哀"的社会乱象,道出了"吾何以观之哉"的慨叹,因为孔子是一个内心柔软、充满仁爱之人。"子于是日哭,则不歌。"(孔子在那一天要是参加丧礼而哭过的话,他就不会唱歌了。)这种不歌,是发自内心的因悲伤而无心唱歌,他的慈悲是真诚的、发自内心的。"子食于有丧者之侧,未尝饱也。"(孔子在有丧事的人旁边吃饭,不曾吃饱过。)因为孔子心里存有对家有丧事之人的怜悯之心、同情之心、恻隐之心,以致没有胃口吃饭,也没有心情吃饱。这段话对我们的启发是:在任何场合,我们都要注意自己的形象和举止,因为我们的举止中隐含着个人德行和修养。

里仁篇

4.2 【原文】

子曰:"不仁者不可以久处约,不可以 长 处乐。仁者安仁,
知者利仁。"

【译文】

孔子说:"没有仁德的人不能长久地处于贫穷和困境,也不能长久地处于富贵安乐。有仁德的人使自己安于仁道,有智慧的人知道仁德于人于己都有利,因此遵循仁德行事。"

【英译】

Confucius said,"A man without virtue can't remain in poverty and hardships for long,and he can't live in wealth and enjoyment for long,either. A man of virtue rests in virtue,and a man of wisdom benefits from virtue."

【思考与感悟】

"仁"指的是仁德、品德。仁者追求的精神境界是自己与自己、自己与他人、自己与社会的正向关系。反之,谓"不仁",不仁者很难长久地与人与己保持和谐,很难长久保持气定神闲。在陈绝粮,从者病莫能兴。子路愠见曰:"君子亦有穷乎?"子曰:"君子固穷,小人穷斯滥矣。"(孔子在陈国断绝了粮食,跟从的弟子们都饿病了,因身体过度虚弱而不能站起来。子路生气地来见孔子说:"君子也有困窘到这种地步而没有办法的时候吗?"孔子说:"君子在困窘时依然能固守正道,小人一困窘就会胡作非为。")孔子在这种极度贫困的境地依然以正道自处。小人在遇到恶劣处境就会乱心性,就会铤而走险或者走极端,无所不用其极;小人也不可以长期处于富贵,正如李炳南曰:"不仁之人,不可以长处富乐,长富则骄奢淫逸。"

然而,仁者坚守仁道,精神充盈,内心不会为外界环境和物质所扰,故能心境安

宁。刘宝楠说："'安仁'者，心安于仁也。'利仁'者，知仁为利而行之也。二者中有所守，则可久处约，长处乐。"仁者不管遇到怎样的处境，都能够做到自处与他处。善他处，亦能乐自处，二者能取其平衡者，可谓人中之智者也！

4.10 【原文】

zǐ yuē jūn zǐ zhī yú tiānxià yě wú dí yě wú mù yě yì zhī yǔ bì
子曰："君子之于天下也，无适也，无莫也，义之与比。"

【译文】

孔子说："君子对于天下的人和事，没有固定的厚薄亲疏，只是按照义去行事。"

【英译】

Confucius said："The virtuous man has no fixed likes or dislikes and he only abides by what is right."

【思考与感悟】

本段话侧重于论述培养个人道德修养问题。"适"通常有两种解释，一是读 shì，意为"可以"；另一种是读 dí，通"敌"，意为"疏远"，本文取其第二种解释。"莫"通常也有两种解释，一是读 mò，意为"不可以"；另一种是读 mù，通"慕"，意为"亲近、喜欢"，本文亦取其第二种解释。有高尚人格的君子在处理天下事物时，不以自己的好恶为标准，而是笃信仁义，坚持原则。

这段话对现代社会的启示是：解决问题和处理事务时，不能采取双重标准。双重标准是指对同一性质的事情，会根据自己的喜好、利益等原因作出截然相反的判断或行为，亦或者指同一件事开头和结尾产生不同的评判标准的情况。大到国际事务，小到生活琐事，双重标准时有发生。例如，某些西方国家以"双重标准"来评判自身和其他国家中的经济、政治和社会体制。君子做事不管喜好、不问亲疏，但以道义是亲，即以义为为人处世之准绳。

4.11 【原文】

zǐ yuē jūn zǐ huái dé xiǎo rén huái tǔ jūn zǐ huái xíng xiǎo rén huái huì
子曰："君子怀德，小人怀土；君子怀刑，小人怀惠。"

【译文】

孔子说："君子关注的是仁德，而百姓关注的是安逸的居住环境。君子关心的是法制，而百姓关心的是眼前利益。"

【英译】

Confucius said, "A man of virtue cares virtues, but an ordinary person cares an easy living environment. A man of virtue cares penalties and laws, but an ordinary person cares his own immediate interests."

【思考与感悟】

心胸决定格局，高度决定视野。君子登高望远，小人目光短浅。君子有"怀德""怀刑"之心，关怀的是品德修养和国家的长治久安，他们考虑的是关系多数人福祉的要事，胸怀大局。反之，小人所存"怀土""怀惠"之心，他们心中想的只有自己的一亩三分地，对小范围利益或者个人利益十分重视，只看到眼前的小恩小惠，甚至以身试法、作奸犯科，根本谈不上从大处着眼考虑人民福祉和国家利益，所以人的认知高度决定着行为方向，行为方向决定着人生高度。

站得越高，看得越远。站的高度决定着看到的事物，思想和行为的高度决定成就的高度。中国是拥有 14 亿人口的大国，14 亿人的吃饭问题是头等大事。习近平总书记反复强调："对我们这样一个有着 14 亿人口的大国来说，农业基础地位任何时候都不能忽视和削弱，手中有粮、心中不慌在任何时候都是真理。"袁隆平院士回应国家需要，心怀天下百姓，献身杂交水稻技术的研究、应用与推广。1973 年，袁隆平团队的第一代杂交水稻终于研发成功，在 1976 年开始全面推广。自此，我国的水稻产量节节攀升，为解决中国粮食问题作出了历史性贡献。他研究的杂交水稻不仅解决了中国的粮食问题，而且为世界粮食供给做出了巨大贡献。袁隆平院士因有高站位、高视野、大格局、大胸怀才谱写出了辉煌的人生篇章。可见,只有树立正确的价值观,确立远大目标,心怀天下众生,孜孜不倦地追求,才能取得更大的成功,人生之路才能走得更远、活得更有意义。

4.14 【原文】

zǐ yuē　　bù huàn wú wèi　huàn suǒ yǐ lì　bù huàn mò jǐ zhī　qiú wéi kě zhī yě
子曰:"不患无位,患所以立;不患莫己知,求为可知也。"

【译文】

孔子说:"不愁没有职位,只愁没有足以胜任职务的本领。不愁自己不被别人所知,只一味追求能使别人知道自己的本领。"

【英译】

Confucius said, "Do not worry that you don't have a post, but only worry how you hold the post. Don't worry that you are not known, but only strive for the capability of being known."

【思考与感悟】

孔子的"不患无位,患所以立"告诉我们要脚踏实地地练就专业本领,修炼内功,厚积薄发,功到自然成,所以不要担心没有职位,没有地位,没有成功,应该问自己何德何能,有何担当。孔子的这种思想某种程度上,与竹子成长的故事对现代人的启发有异曲同工之妙。竹子用了 4 年的时间,仅仅长了 3 厘米,第 5 年开始,以每天约 30 厘米的速度疯狂生长,仅仅用了六周的时间就长到了 15 米之高。为什么呢?因为竹子在前面的四年里以"不患莫己知,求为可知也。"的状态积蓄力量,扎根大地。做人做事亦是如此,不要担心自己的付出得不到回报,只要默默努力,下足功夫,总有一天,我们的努力和坚持能突破成功的临界点,迎来自己的人生高光时刻。

4.15 【原文】

子曰："参乎！吾道一以贯之。"曾子曰："唯。"子出，门人问曰："何谓也？"曾子曰："夫子之道，忠恕而已矣。"

【译文】

孔子说："曾参啊，我的道是由一个基本的思想贯通的。"曾子说："是的。"孔子走出去之后，其他同学问曾子："老师这句话是什么意思？"曾子说："老师的思想学说是用'忠恕'贯穿始终的。"

【英译】

The Master said，"Shen，there is a thread that runs through my doctrine." Zengzi replied，"Yes，indeed." After Confucius left，the other disciples asked Zengzi，"What did the Master mean?" Zengzi said，"The doctrine of our Master is simply loyalty and reciprocity."

【思考与感悟】

孔夫子的忠恕之道是孔子处理人际关系的基本准则。朱熹《论语集注》将"忠恕"解释为"尽己之谓忠，推己之谓恕"。论语思想中，"忠"内涵丰富，包括"己欲立而立人，己欲达而达人""臣侍君以忠""为人谋而忠""孝悌以为忠"等；关于"恕"，子曰："其恕乎！己所不欲，勿施于人。"子贡曰："我不欲人之加诸我也，吾亦欲无加诸人。"即推己及人，设身处地为别人着想，自己不愿意的，不要强加给别人。

孔夫子的忠恕之道与当代"我为人人，人人为我"的道理是相通的。不管在职场，还是日常与人交往过程中，我们先抛开"小我"，多站在对方的立场考虑，多一份谦让与奉献，那么我们就会收获职场风生水起的"双赢"局面、友好和谐的健康人际关系。

4.16 【原文】

子曰:"君子喻于义,小人喻于利。"

【译文】

孔子说:"君子恪守道义,小人只知道追求利益。"

【英译】

Confucius said,"The superior man always considers what is right,while the petty man always cares what is profitable."

【思考与感悟】

朱熹在《论语集注》中把"义"解释为"义者,天理之所宜。利者,人情之所欲"。仁义是天道之所当行的,是人的道德行为规范;而财利又是人情之所希望的,是人的私欲。人的行为如果不受法律和道德约束,那么与动物没有什么不同。孟子曰:"恻隐之心,人皆有之;羞恶之心,人皆有之;恭敬之心,人皆有之;是非之心,人皆有之。"人有了"四心",就会收敛私欲和控制自私自利的行为,就可能用道德匡正自己的思想和行动,就会朝着君子的方向发展,努力追求仁、义、礼、智、信。

孔子本人并不拒绝和排斥财富和名利,只是他坚持获取富贵的方式必须符合仁义道德。子曰:"富与贵,是人之所欲也;不以其道得之,不处也。贫与贱,是人之所恶也;不以其道得之,不去也。"(孔子说:"金钱和地位,是每个人都向往的,但是,以不正当的手段得到它们,君子不享受。贫困和卑贱,是人们所厌恶的,但是,不通过正当的途径摆脱它们,君子是不会摆脱的。")

当今世界经济迅速发展,在物欲横流、人心浮躁、生活节奏快、精神压力大的情况下,在"义利"的十字路口,绝不能丧失道德底线,而要做到"见利思义,见危授命,久要不忘平生之言"。

4.17 【原文】

子曰：“见贤思齐焉，见不贤而内自省也。”
<small>zǐ yuē   jiàn xián sī qí yān jiàn bù xián ér nèi zì xǐng yě</small>

【译文】

孔子说：“见到品行高尚的人，就要向他看齐；见到品德有缺陷的人，就要自我反省，自己有没有类似的毛病。”

【英译】

The Master said，"When we see a worthy man，we should try to equal him；when we see an unworthy man，we should have a self-examination to see whether we have the same defects."

【思考与感悟】

此句话教给我们一个提高道德修养的方法——自我反省。自我反省是一个人成长的必备条件，也反映了一个人谦虚谨慎、虚怀若谷的精神。“见贤思齐”，是指虚心向有贤德的人学习，学习他们的品德、学识和能力，尽力改正自己的缺点，弥补自身的不足，使自己不断进步与成长。“见不贤而内自省”，是指见到品德不端正的人，要检视自己有没有相似的毛病，并秉持“有则改之，无则加勉”的态度，不断提高自身的修养和德行。人有缺点不可怕，可怕的是执迷不悟。子贡曰：“君子之过也，如日月之食焉：过也，人皆见之；更也，人皆仰之。”（子贡说：“君子的过失，就像日食和月食一样：有过错时，人人都看得见；他改正了，人人都仰望他。”）浪子回头金不换；知错能改，善莫大焉，就是这个道理。反之，将错就错，死不悔改。子夏曰：“小人之过也必文。”（子夏说：“小人犯了错误一定会加以掩饰。”）

4.21 【原文】

zǐ yuē　　fù mǔ zhī nián　bù kě bù zhī yě　　yī zé yǐ xǐ　　yī zé yǐ jù
子曰:"父母之年,不可不知也。一则以喜,一则以惧。"

【译文】

孔子说:"父母的年纪不能不记在心上。一方面因其长寿而高兴,另一方面又因其年迈而有所担忧。"

【英译】

The Master said, "You can by no means be ignorant of the age of your parents. On the one hand, you are happy because of their longevity; on the other hand, you are worried because of their old age."

【思考与感悟】

百善孝为先,孝敬父母是做人之根本,是个体人格健全的首要标志。孝道是中华优秀传统文化的重要内容,弘扬孝道是中华民族爱国主义情怀的感情基础和道德基础。子曰:"夫孝,天之经也,地之义也,民之行也。天地之经,而民是则之。"孝道是天地间的常行法则,是人们应该躬行的。天地按照自然法则运行,人类也应该以孝道为准则去遵循它。

人们常说最长情的告白是:"你陪我长大,我陪你变老。"随着岁月的流逝,父母的年龄大了,身体一天不如一天,他们含辛茹苦将我们养大,作为儿女任何时候都要心怀对父母的感恩之情。试问,父母的生日,我们知道吗?记住父母的生日,能在父母生日的时候送上一个小礼物,陪父母吃一顿饭,也是孝道的具体表现。作为子女,在父母需要时,能及时给予他们物质支持和精神陪伴。在学习与工作之余,多回家看看,陪父母说说话,帮父母做一些力所能及的活,竭尽全力让父母多一些开心,少一些忧虑,不要等到"树欲静而风不止,子欲养而亲不待"时而遗憾和悔恨。

4.24 【原文】

zǐ yuē   jūn zǐ yù nè yú yán ér mǐn yú xíng
子曰:"君子欲讷于言而敏于行。"

【译文】

孔子说:"君子应该说话谨慎,而工作勤劳,行动敏捷。"

【英译】

The Master said, "A man of virtue should be hesitant in words and active in action."

【思考与感悟】

"讷于言"的"讷"是指迟钝,引申为说话要谨慎,它有两层含义:一是少说话,避免夸夸其谈;二是不要说空话,避免夸下海口,无法兑现。正所谓言多必失,祸从口出。孔子不仅强调"讷于言",更强调"敏于行"。"敏于行"的"敏"是指敏捷,引申为灵活、勤勉,它的意思是做人做事要勤勉,该出手时就出手。说话是一门学问,更是一种艺术,不仅要看场合、看时机,也要看对象。人际交往中,与各种各样的人打交道,说话一定要认清情况,把握好分寸,该你说话时,就"知无不言,言无不尽",但也要适可而止。

4.26 【原文】

zǐ yóu yuē   shì jūn shuò   sī rǔ yǐ   péng yǒu shuò   sī shū yǐ
子游曰:"事君数,斯辱矣;朋友数,斯疏矣。"

【译文】

子游说:"进谏君过于频繁,就会遭受羞辱;劝告朋友过于频繁,就会被疏远。"

【英译】

Ziyou said, "If you remonstrate the ruler too often, you will be disgraced; if you advise your friends too often, you will be alienated."

【思考与感悟】

在人际交往过程,孔子强调对人真诚,但不失分寸,侍君交友皆如此。孔子提出的把握分寸原则,也深深影响着他的弟子。子游认为进谏君主过于频繁,就会遭受羞辱;劝告朋友过于频繁,就会被疏远。可见,凡事都有一个度。过犹不及,适得其反就是这个道理。

孔子的真诚待人、把握分寸、坚持适度原则的处世之道对现代人依然具有极大的指导价值。适度原则的核心思想是中庸之道,中庸之道既不是折中主义也不是平均主义,更不是墙头草,而是在变通中推进世事,解决问题。德国著名哲学家叔本华说:"人就像寒冬里的刺猬,互相靠得太紧,会觉得刺痛;彼此离得太远,却又会感觉寒冷。"朋友相处,应该真诚相待、互相帮助,但是一定要远离个人隐私等敏感问题,否则必将招致关系疏远和破裂。所以人际交往当中,分寸感是一种微妙的平衡。高水平、高质量的人际社交,离不开分寸的拿捏,这是一种能力,也是一种修养。

公冶长篇

5.1 【原文】

zǐ wèi gōng yě cháng　　kě qì yě　suī zài léi xiè zhī zhōng　fēi qí zuì yě　　yǐ qí
子 谓 公 冶 长 ："可 妻 也 ,虽 在 缧 绁 之 中 ,非 其 罪 也!"以 其
zǐ qì zhī
子 妻 之 。

【译文】

孔子谈到公冶长时说:"可以把女儿嫁给他。虽然他曾坐过牢,但不是他的罪过。"便把自己的女儿嫁给了他。

【英译】

Talking about the disciple Gongye Chang, Confucius said, "He might be wived. Although he was put in prison, he had not been guilty of any crime." He then married his daughter to Gongye Chang.

【思考与感悟】

在凡人看来,有过牢狱之灾的人就是有污点的人,人人见而避之不及,而孔子却把自己的女儿嫁给了公冶长,这反映出圣人独到的眼光和智慧。一方面表明孔子相信自己的弟子德才兼备,且他目睹公冶长身陷囹圄处事不惊,不怨天,不尤人,功力深厚,前途远大;另一方面表明孔子以发展的眼光看人,识人不论地位,不论过往,只在乎德行和修养。

相传公冶长懂鸟语,因此入狱,又因此出狱。公冶长含冤入狱,他选择寻找机会,理智应对,最终被无罪释放。公冶长在绝境中的处事方式是一种为人处世的态度,也是一种生存智慧。那些处事不惊,能控制自己脾气和局面的人,才是成熟的人,能成大事的人。

5.7 【原文】

子曰:"道不行,乘桴浮于海,从我者其由与?"子路闻之喜,子曰:"由也好勇过我,无所取材。"

【译文】

孔子道:"如果我的主张行不通了,我就做个木筏到海外去,跟随我的恐怕只有仲由吧!"子路听到这话,非常高兴。孔子说:"仲由呀,你这个人就是比我勇敢而已,其他没有什么可取的哦!"

【英译】

Confucius said, "If my doctrine doesn't go forward, I want to make a raft to go overseas. I think in that case it might be only Zhong You who will follow me." Upon hearing that, Zilu was delighted. And then, Confucius said, "Zhong You, you are better than me in love of bravery, but there is nothing else desirable!"

【思考与感悟】

孔子是伟大的思想家和教育家,孔子因材施教的思想和独特的教学风格在此段话中栩栩如生地展现在我们面前。子路是一个急躁冲动、争强好胜的人,是一位能够杀身成仁、舍生取义的好汉,孔子对子路个性的欣赏中也带有教育和提醒,孔子的教育方式褒贬自如,且风趣幽默。

勇敢,是一种可贵的精神品质,应该认可,但是逞匹夫之勇、盲目好勇未必是好事,有时好心还办坏事。子路问"君子尚勇乎?"子曰:"君子义以为上,君子有勇而无义为乱,小人有勇而无义为盗。"(子路说:"君子看重勇吗?"孔子说:"君子是看重义的。君子有勇没有义就会为乱,小人有勇没有义就会偷盗。")反观当下,现代快节奏的生活,人们奔波劳碌,有时事情不尽人意就急躁、发脾气,甚至迁怒于人,这表面上是一种"勇",但这种"勇"往往导致人际关系紧张,伤人伤己。

5.9 【原文】

子谓子贡曰："女与回也孰愈？"对曰："赐也何敢望回？回也闻一以知十，赐也闻一以知二。"子曰："弗如也，吾与女弗如也！"

【译文】

孔子对子贡说："你和颜回相比，哪个强一些？"子贡回答说："我怎么敢和颜回相比呢？颜回他听到一件事就可以推知十件事；我呢，听到一件事，只能推知两件事。"孔子说："不如他，我赞同你不如他的说法。"

【英译】

Confucius said to Zigong, "Who is better, you or Yan Hui?" Zigong replied, "How dare I compare myself with Yan Hui? Yan Hui can infer the whole from one part; I can infer only a second from one part." Confucius said, "You are not his equal. I agree that you are not as intelligent as him."

【思考与感悟】

颜回十三岁拜孔子为师，是孔子最得意的门生之一。子曰："吾与回言终日，不违，如愚。退而省其私，亦足以发，回也不愚。"（孔子说："我整天对颜回讲学，他从不提出什么反对意见，像个笨人。等他课余时，我观察他私下里同别人讨论时，却能发挥我所讲的，可见颜回他并不愚笨呀！"）颜回是一位善于思考、精于消化并能做到学以致用、触类旁通的大智若愚之人。子曰："回也非助我者也，于吾言无所不说。"（孔子说："颜回不是对我有帮助的人，他对我说的话没有不心悦诚服的。"）孔夫子明贬暗褒，对颜回的喜爱之情跃然纸上，表达了他因有颜回这样的好学生而感到自豪的愉悦心情。

颜回举一反三、推一知十的治学功底，一般人很难企及，他会学、好学和乐学的精神在孔子弟子中广为流传，就连聪慧机敏的子贡都坦言自己赶不上。再者，颜回始终以孔子提出的"仁"的标准要求自己，提高自己的道德修养。子曰："非礼勿视，非礼勿听，非礼勿言，非礼勿动。"颜渊曰："回虽不敏，请事斯语矣。"颜回按孔子的说法，克己复礼，自我约束，进德修业，达到了极高的精神境界。

5.10 【原文】

zǎi yǔ zhòu qǐn　zǐ yuē　xiǔ mù bù kě diāo yě　fèn tǔ zhī qiáng bù kě wū yě　yú
宰予昼寝，子曰："朽木不可雕也，粪土之墙不可杇也，于
yǔ yǔ hé zhū　　zǐ yuē　　shǐ wú yú rén yě　tīng qí yán ér xìn qí xíng　jīn wú yú rén yě
予与何诛？"子曰："始吾于人也，听其言而信其行；今吾于人也，
tīng qí yán ér guān qí xíng　　yú yǔ yǔ gǎi shì
听其言而观其行。于予与改是。"

【译文】

宰予在白天睡觉。孔子说："腐朽了的木头不能雕刻，粪土一样的墙壁不能粉刷。对宰予这个人，责备有用吗？"孔子又说："以前，我对待别人的话，听了便相信他的行为；现在，我对待别人的话，听了之后，我还要观察他的行为。宰予的表现改变了我对人的态度和看法。"

【英译】

Zaiyu used to sleep during the daytime. Confucius said，"Rotten wood can't be carved，and stinking walls can't be painted. It's not worth blaming a man like Zaiyu！" Confucius said again，"In the past，when I heard what others said，I believed they would have the equivalent conduct；but now，when I hear what others said，I have to observe if they will have the equivalent conduct. It is Zaiyu who changed my attitude towards people."

【思考与感悟】

宰予是孔门十哲之一，能言善辩。对于珍惜光阴，热爱学习的孔子，看到宰予

在大白天睡觉的行为自然会引起他的反感和怒火。宰予平时善于表达,口齿伶俐,孔子相信他言行一致,说到做到。可是,他的表现就像是不能雕刻的朽木与不能粉刷的墙壁一样,让老师有些失望,无计可施。孔子以宰予的事情为例教育弟子们,要多做少说,言行一致。

孔子推崇"谨言慎行""讷于言而敏于行",在日常生活中,我们有时没有思考就许下诺言,结果无法实现,失信于人,使自己尴尬。所以,三思而后行,凡事多思考,再做出理智的承诺,避免"言语上的巨人,行动上的矮子"。另外,在人际交往中,我们不仅要坦诚待人,听其言信其行,还要听其言观其行,理智识人,做到"日久见人心"。孔子希望我们能言行一致,继而能做到行胜于言。

5.12 【原文】

zǐ gòng yuē   wǒ bú yù rén zhī jiā zhū wǒ yě   wú yì yù wú jiā zhū rén   zǐ yuē
子 贡 曰:"我 不 欲 人 之 加 诸 我 也,吾 亦 欲 无 加 诸 人。"子 曰:

cì yě   fēi ěr suǒ jí yě
"赐 也,非 尔 所 及 也。"

【译文】

子贡说:"我不愿别人把不合理的事强加在我身上,我也不想把不合理的事强加在别人身上。"孔子说:"赐呀,这可不是你一个人容易做得到的。"

【英译】

Zigong said, "I don't want to impose unreasonable things on others, and I don't want others to impose unreasonable things on me, either." Confucius said, "Well, Ci, this is not the stage you are able to reach."

【思考与感悟】

"我不欲人之加诸我也,吾亦欲无加诸人"与孔子的"己所不欲,勿施于人"是贯通的,意思基本一致,也就是儒家"恕"的价值准则。在人际关系中,一个人应当以对待自身的行为为参照物来对待他人,即推己及人。如果将自己意志强加于人,就违背平等待人、推己及人的处事原则，只会破坏人与人之间的关系，使自己与他人沟通不畅。

要做到"己所不欲，勿施于人"，就要从内心出发，推己及人，将心比心。自己希望别人怎样对待自己，那就先怎样对待别人；自己希望怎样生活，就想到别人也会希望怎样生活；自己不愿意别人怎样对待自己，就不要那样对待别人。总之，要从自己的内心出发，去推及他人，理解他人，对待他人。"种豆得豆，种瓜得瓜"种下什么样的种子，就有什么样的收获。种下善解人意的种子，就会收获善意和谐的人际关系。

5.15 【原文】

zǐ gòng wèn yuē   kǒng wén zǐ hé yǐ wèi zhī   wén   yě   zǐ yuē   mǐn ér hào
子 贡 问 曰："孔 文 子 何 以 谓 之 '文 '也?"子 曰："敏 而 好
xué   bù chǐ xià wèn   shì yǐ wèi zhī   wén   yě
学 ，不 耻 下 问 ，是 以 谓 之 '文 '也。"

【译文】

子贡问孔子："孔文子为什么能得到'文'的谥号呢?"孔子说："他勤奋好学，不以向比自己地位低下的人请教为耻，所以死后卫国国君赐号'文'。"

【英译】

Zigong asked，"Why was Kong Wenzi given the title of 'Wen'?" Confucius said，"He is smart and diligent，loves learning，and is not ashamed to ask for advice from people who are lower than himself. Therefore，his posthumous title is 'Wen'."

【思考与感悟】

孔子喜欢学习，且认为学习的关键是态度端正。《论语》开篇"学而时习之，不亦乐乎?"(不断学习并且反复刻意练习与实践，不也很愉快吗?)"温故而知新可以为师矣。"(温习学过的知识并有新的收获的人就可以当别人的老师了。)学习需要坚持,把学习当成一种生活方式、一种习惯,如同吃饭、穿衣一样必不可少的事情,需要意志和恒心。孔文子不仅聪明好学,而且不耻下问。孔文子是卫国卿大夫,且能谦虚地"不耻下问",这不仅是一种可贵的学习态度,更是一种谦逊的做人品质,所以死后卫国国君赐号"文",希望人们学习他好学的精神。

"尺有所短、寸有所长""三人行,必有我师焉"都告诉我们每个人都有优点和缺点,我们要乐于向他人学习,善于吸取他人的优点,取他人之长补己之短,养成终身学习的好习惯。只有不断地学习和求问,才能不断地丰富和提高自己。在信息爆炸的互联网时代,不仅要做到刻苦学习,而且要多方请教、不耻下问,才能不断进步,跟上时代发展的步伐。

5.16 【原文】

zǐ wèi zǐ chǎn yǒu jūn zǐ zhī dào sì yān qí xíng jǐ yě gōng qí shì shàng yě
子 谓 子 产:"有 君 子 之 道 四 焉:其 行 己 也 恭,其 事 上 也
jìng qí yǎng mín yě huì qí shǐ mín yě yì
敬,其 养 民 也 惠,其 使 民 也 义。"

【译文】

孔子评论子产说:"他有君子的四种品德:他待人处世很谦恭,侍奉国君很恭敬勤勉,养护百姓给予实实在在的恩惠,役使百姓遵循礼法、合乎情理。"

【英译】

Confucius commented on Zichan,"He meets the standards of a virtuous man in four aspects. He is modest in communicating with people,responsible in serving the monarch,generous to the common people,and righteous to employ the people."

【思考与感悟】

子产,姓公孙,名侨,字子产,春秋时期郑国人,做过两任宰相,是春秋时期著名的政治家、外交家和思想家。孔子给予子产以高度评价,将其美德总结为行己恭、

事上敬、予民惠、使民义四项。在孔子看来，子产身居高位，严格要求自己，上对君主恭敬有礼，下对黎民惠泽万千，有君子风范。

正所谓"正己正人""己不正，焉能正人"？作为领导者，首先自己应该行得正，有人格魅力，即"行己恭"，这是一种自我修养的方式。在教育领域，教育者育己再育人，自己的人格魅力就是学生学习的榜样。在家庭中，父母的言传身教就是孩子的榜样。其次，领导者要用平等的态度对待下属，做下属的体谅者，走进他们的心里，即"养民也惠"，这是一种胸怀。在教育中，教师要做学生的知心人，了解他们的需求，满足他们的个性发展。在家庭中，父母要善于倾听孩子的心声，尊重他们的需求，经营好亲子关系，才能有效展开教育。

5.20 【原文】

jì wén zǐ sān sī ér hòu xíng　zǐ wén zhī yuē　zài sī kě yǐ
季文子三思而后行，子闻之曰："再斯可矣。"

【译文】

季文子每件事情考虑多次才行动，孔子听说后说道："想两次也就足够了。"

【英译】

Ji Wenzi thinks over everything many times before he acts. Confucius heard of this，saying，"Thinking twice is enough."

【思考与感悟】

季文子是鲁国的卿大夫，姓季孙，名行父，"文"是谥号。季孙行父为人谨小慎微，克俭持家，执掌鲁国朝政三十多年，厉行节俭，开一代俭朴风气。"三思而后行"指做一件事情要先经过思考，厘清思绪，弄清事情的条理，"三思"能帮助我们理解事情的起因、经过、结果、优势、缺陷等等方面，评估现状，做出合理反应和行动，避免犯一些低级错误。但是，我们也要把握分寸和尺度，如果一个人思虑过多，就会优柔寡断，迟迟无法下定决心去实施一项任务，就会错失时机，甚至蒙受损失，造成不良后果。对于季文子这样过于谨小慎微的人,孔子认为可以适当放开思想禁锢,步子可以适当迈得大一些,胆子大一点,这也体现了孔子因材施教的教育理念。

5.26 【原文】

颜渊、季路侍。子曰:"盍各言尔志?"子路曰:"愿车马衣轻裘与朋友共,敝之而无憾。"颜渊曰:"愿无伐善,无施劳。"子路曰:"愿闻子之志。"子曰:"老者安之,朋友信之,少者怀之。"

【译文】

有一次,颜渊、季路侍立于孔子身旁。孔子说:"何不各自谈谈你们的志向呢?"子路说:"愿把自己的车马衣裘与朋友共享,即使用坏了也不抱怨。"颜渊说:"愿不自夸长处,也不自夸功劳。"子路说:"希望听一听先生的志向。"孔子说:"我的志向就是使老者安逸、朋友信任以及年轻人得到关怀。"

【英译】

On one occasion, two of his disciples, Yan Yuan and Jilu, were accompanying him. Confucius said to them, "Why don't we talk about our aspirations?" Zilu said, "I would like to share my carriages, horses, and clothes of costly furs with my friends and never complain about it even if the stuff is spoiled and the clothes are worn out." And Yan Yuan said, "I would like to be able not to boast of my ability and what I have done for others." After that, Zilu said, "Now, we would like to hear your aspiration, Master." Confucius replied, "My aspiration is to free the old from concern, to be trustworthy of my friends and to be considerate of the young."

【思考与感悟】

志向是指关于一个人将来要做什么事、要做什么样人的意愿和决心。志向指引着我们人生前进的方向，是我们行为的动力和源泉。孔子及其弟子们的志向自述能反映出他们的个人道德修养及为人处世的态度。子路所提及的志向是毫无怨言地把自己的物质财富分享给他人，是个人物质层面的志向；而颜渊的志向是不自我、不自夸，侧重的是精神层面的志向；孔子提出的志向是自己对老者、朋友和年轻人的态度和担当，志于使老者安逸、朋友信任以及年轻人得到关怀。孔子的志向对象跳出了自我，提升到了更广泛、更高的层面，可以看出孔子"以天下为己任"的胸怀和抱负。

5.28 【原文】

zǐ yuē   shí shì zhī yì   bì yǒu zhōng xìn rú qiū zhě yān   bù rú qiū zhī hào xué yě
子曰："十室之邑，必有忠信如丘者焉，不如丘之好学也。"

【译文】

孔子说："就是十户人家的地方，一定有像我这样忠心又诚实的人，只是他们赶不上我的好学程度罢了。"

【英译】

Confucius once remarked，"Even in a very small village of ten households there must be men who are as loyal and trustworthy as myself，but they are not simply so keen on learning as me."

【思考与感悟】

孔子的博学多才不是与生俱来的，是后天勤奋好学所获。子曰："我非生而知之者，好古，敏以求之者也。"（孔子说："我并不是生下来就有知识的人，而是喜好古代文化、勤奋敏捷去求取知识的人。"）孔子三岁丧父，十七岁丧母，他从不抱怨，而是通过勤奋学习改变现状和命运，甚至为了丰富知识，扩大自己的视野，一有机会就外出游学。据记载，孔子曾不计路途遥远，去洛邑拜见周王室的守藏吏——当时最伟大的思想家老子。正所谓"不怨天，不尤人，下学而上达"，通过学习来不断提升和完善自己。

雍也篇

6.3 【原文】

āi gōng wèn   dì zǐ shú wéi hào xué   kǒng zǐ duì yuē   yǒu yán huí zhě hào xué

哀 公 问 :"弟 子 孰 为 好 学 ?"孔 子 对 曰 :"有 颜 回 者 好 学 ,

bù qiān nù   bú èr guò   bú xìng duǎn mìng sǐ yǐ   jīn yě zé wú   wèi wén hào xué

不 迁 怒 ,不 贰 过 ,不 幸 短 命 死 矣 ,今 也 则 亡 ,未 闻 好 学

zhě yě

者 也 。"

【译文】

鲁哀公问孔子:"你的学生中谁最好学?"孔子回答说:"有个学生叫颜回,他最爱学习。他从不迁怒于别人,也不犯同样的过错。只是,不幸的是短命死了。现在没有这样的人了,从此再也没听到谁爱好学习的了。"

【英译】

Duke Ai of Lu asked Confucius who among his disciples loves learning most. Confucius replied，"There was a disciple called Yan Hui who loved learning most. He never vented his anger on others，nor did he make the same mistakes. Unfortunately，he had a short life and is dead now. From then on，there is none who loves learning，or none I have heard of who loves learning."

【思考与感悟】

颜回的"不迁怒""不贰过"的品德对我们现代人也有重要的指导价值。"不迁怒"意为不把自己的怒气发到别人头上;"不贰过"是指不重复犯错误。"不贰过"相对而言比较容易做到,因为"吃一堑,长一智"。犯过错误,摔过跟头,碰过头破血流,就不大会再犯同样的错误了。然而,"不迁怒"说起来容易,做起来难。一般人生气之后,其怒气延续升高,难以制止,会迁怒于亲人,而颜回绝对不会让这个怒气升温,一定会立刻制止,他能做到克己复礼。

6.11 【原文】

zǐ yuē xián zāi huí yě yì dān shí yì piáo yǐn zài lòu xiàng rén bù kān qí yōu
子曰:"贤哉回也!一箪食,一瓢饮,在陋巷,人不堪其忧,

huí yě bù gǎi qí lè xián zāi huí yě
回也不改其乐。贤哉,回也!"

【译文】

孔子说:"颜回真是个大贤人啊!用一个竹器盛饭,用一个瓢喝水,住在简陋的巷子里。别人都无法忍受那穷困的生活,颜回却能自得其乐。颜回真是个大贤人啊!"

【英译】

Confucius said,"What a virtuous man Yan Hui is! He used to have a bamboo dish to hold rice and a gourd dish to drink water, and live in a shabby and narrow alley. No one can stand such poverty, but Yan Hui never let it impact his inner happiness. What a virtuous man Yan Hui is!"

【思考与感悟】

颜回是孔子最为得意的弟子之一。颜回用粗陋的竹器吃饭,用瓢来喝水,还住在非常简陋的房子里面,在这样清贫的生活环境下,颜回依然能够做到淡泊自守,不改其道,不改乐道之志,保持着心中的快乐。一言以蔽之,颜回安贫乐道。这里的安贫乐道不是说颜回喜欢过贫穷的生活,而是指颜回潜心悟道,全身心地投入到追求大道上,任何外在的环境都无法改变其内心坚定的志向,因内心丰富而自然而然心生快乐。颜回的安贫乐道的"贫"只是生活上贫穷而已,思想上不但不匮乏,反而无比丰富与充盈。

颜回安贫乐道的故事对于我们现代人的启示是:一是适当的简朴能够帮助我们减少干扰和诱惑,使我们有更多的时间和精力追求事业和精神境界;二是精神的富足往往可以冲淡物质的清贫,也能增添内心的快乐感和幸福感。真正有修养、有道德的人,不会因外在环境而改变对精神的追求,在他们眼里,名缰利锁,越是简单

的生活,就越容易找到快乐。

6.12 【原文】

^{rǎn qiú yuē} ^{fēi bù yuè zǐ zhī dào} ^{lì bù zú yě} ^{zǐ yuē} ^{lì bù zú zhě} ^{zhōng}
冉求曰:"非不说子之道,力不足也。"子曰:"力不足者,中
^{dào ér fèi} ^{jīn rǔ huà}
道而废,今女画。"

【译文】

冉求说:"我不是不喜欢老师的学说,是我能力不够。"孔子说:"如真的是能力达不到,你会半途而废。如今你却画地为牢,不肯前进。"

【英译】

Ran Qiu said, "It's not that I don't like your doctrine. It's simply that I don't have enough competence." Confucius said, "If you are really not competent in learning, you will give up halfway. However, now you are restricting yourself to moving forward."

【思考与感悟】

美国管理学家提出了舒适区三圈理论,最里面是舒适区,中间是学习区,最外层是恐慌区或称焦虑区。舒适区是已经熟练掌握的;恐慌区是完全不会的,有很大挑战性,容易产生挫败感;而学习区,是略有了解又具有一定挑战性的。冉求师从孔子学习,走出了自己的舒适区,有了学习压力,加上自信心不足,便找借口要放弃,冉求曰:"非不说子之道,力不足也。"孔夫子立刻觉知到冉求面对学习的挑战,有了恐惧和焦虑,子曰:"力不足者,中道而废,今女画。"朱熹在《论语集注》中解释:"谓之画者,如画地以自限也。"意思是自己画地为牢,限制自己,不愿向前面对现实,因为喜欢待在舒适区是人的本性。孔夫子开导冉求,并非他的能力不够,而是他思想上的畏难情绪在作怪,自己给自己设置了障碍,自己给自己找不愿完全跳出舒适区的借口,其实只要克服自己的畏难情绪,来到学习区,坚持努力,肯定能够

克服一切困难,取得成功。

6.14 【原文】

zǐ yóu wéi wǔ chéng zǎi　zǐ yuē　　rǔ dé rén yān ěr hū　　yuē　　yǒu tán tái miè míng
子游为武城宰,子曰:"女得人焉尔乎?"曰:"有澹台灭明
zhě　xíng bù yóu jìng　fēi gōng shì　wèi cháng zhì yú yǎn zhī shì yě
者,行不由径,非公事,未尝至于偃之室也。"

【译文】

子游担任武城地方的长官。孔子说:"你在那里得到什么优秀人才了吗?"子游回答说:"有个名叫澹台灭明的人,从不走歪门邪道,不是公事,从不到我衙门来。"

【英译】

Ziyou is the governor of Wu County. Confucius said, "Have you got any excellent talents there?" Ziyou replied, "There is a man named Tantai Mieming who never takes a shortcut. He never comes to my office unless there is an official business."

【思考与感悟】

春秋时期各诸侯国都重视接纳各种人才,尤其是能够帮助他们争夺土地、管理邦国的贤才。孔子教育弟子们在从事管理工作时也要重视发现贤才、使用人才。儒家选才的标准:有仁德的、公私分明的君子。澹台灭明和子游是同门师兄弟,都师从孔子,两人都在武城工作,澹台灭明是个基层官吏,而子游是武城最高长官。澹台灭明没有凭借与子游的特殊关系套近乎、拉关系,更没有想谋求私利的想法,而是依然坚持自己的原则,守好自己的本分。"行不由径"字面意思是讲澹台灭明从不走小径、抄小路,实指他从不走歪门邪道。"非公事,未尝至于偃之室也",如果不是公事,澹台灭明从不会去造访子游。

反观现代社会,有些人不择手段地攀龙附凤拉关系,以通过不正当的手段获取

利益和好处。有一句讽刺性的话:"穷在闹市无人问,富在深山有远亲。"幸运的是,随着新时代法制建设的不断健全,人们敢于与这种歪风邪气做坚决的斗争。人生一世,不可有傲气,但不可无傲骨,我们要挺直腰杆,做到各司其职,各行其是,踏踏实实做人,认认真真做事,用自己的真才实学书写人生。

6.18 【原文】

子曰:"质胜文则野,文胜质则史。文质彬彬,然后君子。"

【译文】

孔子说:"一个人,如果质朴多于文采,就难免显得粗野;如果文采超过了质朴,又难免浮夸。只有文采和质朴完美地结合在一起,才是君子。"

【英译】

The Master said,"If a man has more natural qualities than refinements,he tends to be inurbane. If a man has more refinements than natural qualities,he tends to be boastful. Only when a man finds the balance between natural qualities and refinements,he is a true man of virtue."

【思考与感悟】

《论语》此处的"质"是指自然的质朴和憨厚;"文"是指经过文化熏陶、世事磨砺后的文采和见识。一个人如果"质胜文"容易显得粗野、俗气;一个人如果"文胜质"容易礼节繁琐,更甚者巧言令色、花言巧语、流于虚浮,让人心生厌恶,觉得不靠谱。孔子提倡中庸之道。《论语注疏》中把"文质彬彬"解释为文质相半,就是文和质合理搭配,互相补充,恰到好处地发挥作用。

文质彬彬,原意形容人既文雅又朴实,现在多形容人温文儒雅、有礼貌。现代人应该如何提高自己,做到文质彬彬呢? 首先,我们要本性善良、质朴。在此基础上，用科学文化知识丰富自己的大脑、提高自己的修养，不断学习，不断实践，尽量做到文与质的平衡，即不主张偏胜于文，也不主张偏胜于质，努力做一个德才兼备的社会主义建设者和接班人。

6.20 【原文】

zǐ yuē   zhī zhī zhě bù rú hào zhī zhě   hào zhī zhě bù rú   lè zhī zhě
子曰："知之者不如好之者，好之者不如乐之者。"

【译文】

孔子说："（对于任何学问、知识、技艺、道德等）懂得它的人，不如喜好它的人；喜好它的人，又不如以它为乐的人。"

【英译】

The master said，"Those who know it are not as good as those who love it，and those who love it are not as good as those who take delight in it."

【思考与感悟】

孔子把学习分为三个层次：知之、好之、乐之，这与我们现在所说的"兴趣是最好的老师"有异曲同工之妙。孔子认为，对于任何知识和技艺，了解它的人不如爱好它的人，而爱好它的人不如学习时乐在其中的人，可见，爱好和兴趣在人们学习和工作中起着至关重要的作用。孔子也是用学习的最高层次"乐之"要求自己的，孔子说自己是一生都在"发愤忘食，乐以忘忧"地学习的。

孔子的三重学习境界，我们至今受益。第一重境界为"知之"，指被动的学习，缺乏主观能动性，如，为了升学而学，为了考证而学，为了父母而学。第二种境界为"好之"，指因为爱好而学习，因为喜欢，主观上想通过上课、培训或自学获取知识或技能，比"知之"更有主动性和积极性。第三种境界为"乐之"，这种境界大大地超越了"好之"的阶段，把学习视作一种享受，达到了心灵上的愉悦和满足，体验着人生的意义。我们每个人不管是学习还是工作，都应该努力追求这种"乐之"的境界。

有人说过"如果你找到一份自己喜爱的工作,你会觉得这一生没有一天在工作。"这就是工作中的"乐之"状态,学习也一样。

6.21 【原文】

zǐ yuē   zhōng rén yǐ shàng   kě yǐ yù shàng yě   zhōng rén yǐ xià   bù kě yǐ yù
子曰:"中 人 以 上 ,可 以 语 上 也;中 人 以 下,不 可 以 语

shàng yě
上 也。"

【译文】

孔子说:"对于才学资质在中等以上的人,可以告诉他们高深的学问;而对于才学资质在中等以下的人,不可以告诉他们高深的学问。"

【英译】

The Master said,"To those whose talents are above the mediocre,higher matters can be discussed. To those whose talents are below the mediocre,high matters can not be discussed."

【思考与感悟】

虽然我们不赞同孔子把人根据才智分成等级,但是孔子的话中也有可以学习的地方,如,人与人是有差别的,要因材施教。孔子根据弟子们不同的资质,采取不同的教育方法,即根据学生不同的认知水平、学习能力以及自身的特点,进行有针对性的教学,将学生的长处充分挖掘出来,尽量弥补学生在其他方面的不足,循序渐进、循循善诱,激发出学生学习的兴趣,从而促进学生的个性发展,最终把学生培养成各尽其能、各显其才的社会需要的人才。

孔子依据人的资质进行教育,对我们也有一定的借鉴价值。在从事教育的过程中,教育工作者要意识到学生在性格、智商、认知水平、基础知识等方面存在个体差异性,在教学过程中要避免一刀切和满堂灌,而应该采用分层教学、个性化教育,尊重个体差异的独特价值,因材施教,实施因人而异的教育,满足学生的个性化发

展需求,为每一个学生提供最适合的教育。

6.23 【原文】

子曰:"知者乐水,仁者乐山。知者动,仁者静。知者乐,仁者寿。"

【译文】

孔子说:"智慧的人喜爱水,仁德的人喜爱山。智慧的人爱好活动,仁德的人爱好沉静。智慧的人活得快乐,仁德的人长寿。"

【英译】

The Master said,"The wise find pleasure in water, the benevolent in mountains. The wise are active while the benevolent are tranquil. The wise enjoy life while the benevolent achieve longevity."

【思考与感悟】

"知""仁""勇"是中国儒家文化核心概念之一,被誉为儒家"三达德",其中"达德"指天下通行的德行。"知"通"智",指的是有知识、有智慧,但知识不等于智慧,知识是拥有智慧的手段,智慧是运用知识的能力。人的言行举止和为人处世都能反映出其是否"知"。"仁"是"知"的源泉,"仁"指的是仁德、品德。仁者追求的精神境界是自我完善、与人和善、和谐社会,"仁"是正确"三观"的完美结合和深刻体现。"知者乐水,知者动,知者乐。"知者的品质与精神可以与"水"相较,海纳百川,有容乃大,知者心胸宽广;水滴石穿,水往低处流,知者有韧性,适应能力强,谦逊为人;上善若水、随遇而安,知者心地善良,可方可圆,享受当下。"仁者乐山,仁者静,仁者寿。"仁者的品德可以与"山"相较,山高大雄伟,仁者品德修养高;山坚韧不拔,仁者不役于物,也不伤于物;山是稳定的,可信赖的,始终矗立不变,仁者以不变的高尚德行应万变;与天齐寿,仁者,人皆向往之。

智者是聪明的人、有智慧的人,他们可以快速地作出反应,思想活跃,有着灵动的性情,就像水一样不停地流动,既能洞悉万事万物,又能随机应变。仁者是有德行的人、有修养的人,他们坚持正义,心无旁骛,他们遇事能坚韧、沉稳和朴实,没有丝毫浮躁与虚华,总能沉着应对。我们每个人应该竭力追求仁和智的境界,做到睿智聪慧、淡泊名利、泰然自若、心如止水,这是一种极深的道德修养,绝非一朝一夕之所及。

6.27 【原文】

zǐ yuē   jūn zǐ bó xué yú wén   yuē zhī yǐ lǐ   yì kě yǐ fú pàn yǐ fū
子曰:"君子博学于文,约之以礼,亦可以弗畔矣夫!"

【译文】

孔子说:"君子广泛地学习典籍的同时,用礼来加以约束,这样就不会离经叛道了。"

【英译】

The Master said,"A man of virtue learns cultural knowledge extensively, and uses the Rites to mind his manners. In this way,he will not go astray."

【思考与感悟】

孔子主张君子广泛学习古代典籍,提高内在修养,同时,用礼制来约束自己的言谈举止,规范外在表现,内外兼修,就不会离经叛道,更不会误入歧途。君子只有广泛地学习文化典籍才能深刻理解"道",而道的核心是"仁",仁的体现形式就是"礼"。正如颜渊对孔夫子的高度认可和赞美,"夫子循循然善诱人,博我以文,约我以礼,欲罢不能。"(老师善于有步骤地引导我们,用各种文献来丰富我们的知识,用礼来约束我们的行为,我们想要停止学习都不可能。)在颜渊看来,老师有绝妙的教学方法、全面的教育理念,用人格魅力影响学生,用内外兼修的方法唤醒学生求知的欲望、善良和良知。

6.30 【原文】

zǐ gòng yuē   rú yǒu bó shī yú mín ér néng jì zhòng   hé rú   kě wèi rén hū   zǐ
子 贡 曰 :"如 有 博 施 于 民 而 能 济 众 ,何 如 ? 可 谓 仁 乎 ?"子
yuē   hé shì yú rén   bì yě shèng hū   yáo shùn qí yóu bìng zhū   fū rén zhě   jǐ yù lì
曰 :"何 事 于 仁 ! 必 也 圣 乎 ! 尧 舜 其 犹 病 诸 ! 夫 仁 者 ,己 欲 立
ér lì rén   jǐ yù dá ér dá rén   néng jìn qǔ pì   kě wèi rén zhī fāng yě yǐ
而 立 人 ,己 欲 达 而 达 人 。 能 近 取 譬 ,可 谓 仁 之 方 也 已 。"

【译文】

子贡说:"如果一个人能广泛地给民众恩惠,帮助老百姓生活得更好,这人怎么样? 可以说他有仁德了吗?"孔子说:"何止仁德之人呢,那一定是圣人了! 尧和舜大概都难以做到! 一个有仁德的人,自己想立足,首先帮助别人立足;自己想要通达,首先使别人通达。就近打个比方,就是凡事能够推己及人,可以说这就是实行仁道的方法了。"

【英译】

Zigong said，"What do you think of a man who can widely benefit the people and help them live a good life? Can he be said to have benevolence?" Confucius said，"A man of this kind is far more than a benevolent one. He must be a sage! Yao and Shun probably can't reach the point like that! A benevolent man who wants to establish himself in society helps others to establish first；one who wants to achieve helps others to achieve first. Put himself in others' position on the analogy of what is at hand，which is the way to implement benevolence."

【思考与感悟】

马斯洛需求层次理论将人类需求从低到高按层次分为五种,分别是生理需求、安全需求、社交需求、尊重需求和自我实现需求。前三种需求是人的基本需求,可以通过物质来满足;后两种需求是人的高层次的需求,通过内部因素,跳出物质的束缚,超越自我,服务他人,奉献社会来实现。子贡口中的"博施济众"的人,超脱了

物质的羁绊，舍出钱财，帮助他人，进而实现自己的价值和人生的意义，是一种洒脱和超凡脱俗。虽然博施济众的圣境很难达到，但我们可以退而求其次，以自己最大的努力做一些力所能及的利国利民的小事，至少这种行为的起心动念是仁德的表现。孔子对子贡的这种"博施于民而能济众"予以高度肯定，同时进一步告诉子贡，若想实现博施济众的理想，首先要"己欲立而立人，己欲达而达人。"，推己及人，这是实现仁德的有效途径和方法，这与我们现代人所提倡的"我为人人，人人为我"是同样的道理。

述而篇

7.2 【原文】

zǐ yuē mò ér zhì zhī xué ér bú yàn huì rén bú juàn hé yǒu yú wǒ zāi
子曰:"默而识之,学而不厌,诲人不倦,何有于我哉?"

【译文】

孔子说:"默默地把所见所闻所学记在心上,孜孜不倦地学习,育人有耐心,不知疲倦,这些我都做到了哪些呢?"

【英译】

Confucius said,"Absorb what we are learning silently, learn without feeling tired and teach others without feeling weary, which of these things have I made?"

【思考与感悟】

孔子阐释的是做学问的态度和方法。孔子认为学习要遵循三种态度:默而识之,学而不厌,诲人不倦,这三种态度是逐层深入的关系。学习知识,适当的记忆是有必要的,最重要的是将获得的知识转化为自己的认知,用自己的方式享受学习并充满对知识的求知欲,进而做到学而不厌,诲人不倦。学无止境,当我们在知识的海洋中遨游时,乐趣便会源源不断地喷涌而出,就有学而不厌的感觉。当我们自身的知识积累到一定程度后,可以通过教授别人的方式来检验自己对知识的掌握程度,也能在这过程中发现自己的不足,可谓教学相长。享受学习乐趣和求知本身一样重要,唯有找到学习的乐趣与幸福感,才能使我们始终怀揣对知识的渴望,既不因一点成绩而沾沾自喜,也不因一次挫败而妄自菲薄,而是在学习的道路上如饥似渴,精益求精,不断追寻真理。

7.3 【原文】

zǐ yuē   dé zhī bù xiū   xué zhī bù jiǎng   wén yì bù néng xǐ   bú shàn bù néng gǎi
子曰："德之不修，学之不讲，闻义不能徙，不善不能改，

shì wú yōu yě
是吾忧也。"

【译文】

孔子说："不去培养道德，不去讲习学问，好的道义不去追随，自己的缺点也不改正，这些都是让我担忧的事情。"

【英译】

Confucius said，"The virtue without proper cultivation，the knowledge without trying to spread，the righteousness without following，the shortcomings without correcting. These are all that I am concerned about."

【思考与感悟】

本章孔子表达了他的四大忧虑。这四大忧虑分别表现在道德、学问、修养、行为这四方面，即"德之不修，学之不讲，闻义不能徙，不善不能改"，道德修养的提高是前提，知错能改是完善。孔子的四大忧虑对我们的个人修养提出了四条建议：一是不断加强个人道德修养；二是勤奋好学；三是通过实践将知识转变成能力；四是知错能改。落实这四点建议，能使人不断进步，实现自我完善。孔子的四忧，对于个人工作的突破性发展也有重要的启示。

7.6 【原文】

zǐ yuē   zhì yú dào   jù yú dé   yī yú rén   yóu yú yì
子曰："志于道，据于德，依于仁，游于艺。"

【译文】

孔子说："以道为志向,坚守于德,亲近于仁,游心于艺。"

【英译】

Confucius said, "Set your aspiration on the Way, base yourself on virtue, rely yourself on benevolence and relax yourself in Six Arts."

【思考与感悟】

本章阐释的是孔子教导弟子进德修业的顺序和方法。孔子培养学生,以道为方向,以仁为根本,以德为立脚点,以六艺为涵养之境,以实现学生的全面发展为终极目标。新时代的教育事业任重道远,我们加快构建全面发展的教育体系,培养德、智、体、美、劳全面发展的社会主义建设者和接班人,这与孔子的全面发展教育理念不谋而合。在新时代的教育中,我们既要深入挖掘每个学生的长处,也要使每个学生都能成为全面发展的人才;既要提升学生的能力,又要为社会培养高素质全面发展的人才奠定基础。对于进入职场的人们而言,无论做什么工作,都应该有远大的志向与追求,着力于培养坚定的理想信念,全面提升工作能力,使自己在工作中得心应手,游刃有余。同时,也要了解和学习一些艺术,将生活与艺术进行巧妙的融合,实现艺术点缀人生、人生充满诗意的美好境界。

7.8 【原文】

zǐ yuē   bú fèn bù qǐ   bù fěi bù fā   jǔ yì yú bù yǐ sān yú fǎn   zé bù fù yě
子曰:"不愤不启,不悱不发。举一隅不以三隅反,则不复也。"

【译文】

孔子说:"教导学生,不到他苦思冥想而仍不得其解的时候,不去开导他;不到他想说却说不出来的时候,不去启发他。给他指出一个方法,如果他固守死脑筋,不能做到举一反三,那就暂时不再教导他了。"

【英译】

Confucius said, "I only teach those who are eager to learn. I only enlighten those who are anxious to explain himself. If I explain one aspect of a matter to a student，and he can not deduce all the other aspects, I do not repeat the lesson."

【思考与感悟】

　　本章是孔子的启发式教学法。孔子是最早提出启发式教学的人,他认为教师应该在学生认真思考,并在其达到一定程度时恰到好处地进行启发和开导。孔子的启发式教学思想,既是一种教学方法,亦是一种学习方法,旨在激发学生主动思考,发挥学生的主观能动性,要求学生能够做到融会贯通、举一反三。孔子的启发式教学思想内涵丰富,主要包含四层意思:一是学生自己要主动思考;二是教学效果可以通过启发式教学法提高;三是反对灌输,倡导适时启发;四是启发式教学的目的和结果是学生能主动学习且能举一反三。教育不是知识的简单堆积,而是一种启发性的"唤醒"。雅斯贝尔斯说过,教育的本质是心灵的教育,是一棵树摇动另一棵树,一朵云推动另一朵云,一个灵魂唤醒另一个灵魂。我们当下更要思考如何避免填鸭式的教育,如何用合适的"唤醒"方式挖掘学习者的无限潜能,激发他们的学习兴趣,以保持"学而不厌"的学习状态。孔子的启发式教育思想,至今是我们要坚持的教育原则。

7.11 【原文】

　　zǐ wèi yán yuān yuē　　yòng zhī zé xíng　shě zhī zé cáng　wéi wǒ yǔ ěr yǒu shì fú
　　子 谓 颜 渊 曰:"用 之 则 行 ,舍 之 则 藏 ,惟 我 与 尔 有 是 夫!"
zǐ lù yuē　　　zǐ xíng sān jūn　zé shuí yù　　zǐ yuē　　bào hǔ píng hé　　sǐ ér wú huǐ zhě
子 路 曰:"子 行 三 军 ,则 谁 与?"子 曰:"暴 虎 冯 河 ,死 而 无 悔 者 ,
wú bù yǔ yě　　bì yě lín shì ér jù　hǎo móu ér chéng zhě yě
吾 不 与 也。必 也 临 事 而 惧 ,好 谋 而 成 者 也。"

【译文】

　　孔子对颜渊说:"如果任用我,我就出仕;不任用我,我就隐世。只有我和你才能做到这样吧!"子路问孔子说,"如果老师您统帅三军,会愿意和谁一起共事呢?"

孔子回答说："赤手空拳和老虎搏斗，不用船而徒步过河，死了都不会后悔的人，我是不会和他一起共事的。我要与之共事的人一定是遇事小心谨慎，善于谋划且能完成任务的人。"

【英译】

Confucius said to Yan Yuan，"If I'm appointed to serve the state，I'll devote myself to the position；If not，I'll lie retired. It is only you and I that can reach that height." Zilu asked Confucius，"If you are required to command the armies，who would you like to work with?" Confucius said，"I would not work with a man who fought a tiger with his bare hands or cross a river without a boat，dying without regret. I want to work with someone who's cautious，good at planning and can get things done well."

【思考与感悟】

孔子表达了对颜渊用舍行藏的处世态度的赞赏，教育子路要有勇有谋。颜回的用舍行藏是说如果能为当世所用，就施展才华，在社会上大力推行仁道；若是不为当世所用，就隐藏才能，韬光养晦，等待时机，再图报国。颜回的这种处世之道体现了进退有度，洒脱自如的大智慧，不是一般人所能做到的。与之相比，子路"暴虎冯河，死而无悔者"，表现了子路有勇无谋的鲁莽性情。孔子提倡"临事而惧，好谋而成"，"惧"不是惧怕，而是"敬谨"，他直言不讳地批评了子路，凡事不能鲁莽行事，要学会审时度势，运用智谋取胜。在孔子看来，只有将智谋和勇气结合起来，采取谨慎的态度，综合考虑各个方面，保持警惕之心，做好最坏的打算，才能成功，才算是真正意义上的勇者。

7.12 【原文】

zǐ yuē　　fù ér kě qiú yě　suī zhí biān zhī shì　wú yì wéi zhī　rú bù kě qiú　cóng
子曰："富而可求也，虽执鞭之士，吾亦为之。如不可求，从
wú suǒ hào
吾所好。"

【译文】

孔子说："如果财富与地位用正当的方法获得的话，即使是做手持鞭子的差役，我也愿意。如果不是用正当的方法，那我还是做我自己所喜欢的事情吧。"

【英译】

The Master said，"So long as the means of the search for wealth were legitimate，I would pursue it even if it meant being a cart driver with whip in hand. If the means were illegitimate，I would follow what I desire for."

【思考与感悟】

本章体现了孔子淡泊功名利禄，坚持财富取之有道的价值观。孔子认为富贵可求，但要途径合理。孔子是一个人格健全的人，贫穷的日子能过出安宁与温暖，富有的日子能过出质感和快乐。在德行和富贵面前，孔子绝不以牺牲德行为代价换取财富。孔子视富贵如浮云，不为名利所牵绊，有着高尚的世界观和金钱观。一个人一旦没有了名利和富贵的妄念和贪欲，就没有了压力和焦虑，也就有了平和的心境和持久的快乐。

习近平总书记始终把人民的利益放在第一位，反复强调全面从严治党必须持之以恒，毫不动摇，面对腐败现象，"老虎"露头就要打，"苍蝇"乱飞也要拍。中国共产党对惩治腐败的态度一以贯之的坚定，警示社会公职人员守住底线，树立正确的义利观，不可利用职权来谋私而危害人民的利益。如果人人都坚持"君子爱财，取之有道"，那么社会中的"老虎""苍蝇"就会越来越少，社会风气就越来越好，新时代的官员就会越来越清廉，人民的生活也将越来越幸福。

7.15 【原文】

rǎn yǒu yuē   fū zǐ wèi wèi jūn hū   zǐ gòng yuē   nuò wú jiāng wèn zhī   rù
冉有曰："夫子为卫君乎？"子贡曰："诺，吾将问之。"入，
yuē   bó yí shū qí hé rén yě   yuē   gǔ zhī xián rén yě   yuē   yuàn hū   yuē
曰："伯夷、叔齐何人也？"曰："古之贤人也。"曰："怨乎？"曰：
qiú rén ér dé rén yòu hé yuàn   chū yuē   fū zǐ bù wèi yě
"求仁而得仁，又何怨？"出，曰："夫子不为也。"

【译文】

冉有问子贡："老师会帮助卫国的国君吗?"子贡说："我去问问老师吧。"子贡进入孔子房中,问道："老师,伯夷和叔齐是怎样的人呢?"孔子说："他们是古代贤人。"子贡说："他们会有怨恨吗?"孔子说："他们追求仁德,也得到了仁德,又怎么会有怨恨呢?"子贡出来后,对冉有说："老师不会帮助卫国国君的。"

【英译】

Ran You asked, "Will the teacher agree with the sovereign of Wei?" Zigong said, "Let me ask the teacher." Zi Gong entered Confucius's room and asked, "Who were Boyi and Shuqi?" Confucius said, "They were wise men of ancient times." Zigong asked, "Would they have any regrets?" Confucius said, "They pursued benevolence and finally got it, and how can there be resentment?" Zigong came out and said to Ran You, "The Master will not approve of the sovereign of Wei."

【思考与感悟】

本章讲述孔子求仁得仁的思想。卫出公辄,是卫灵公的孙子,他的父亲蒯聩因谋杀卫灵公的夫人南子而被驱逐出国。卫灵公死后,其孙辄被立为国君,其子蒯聩回国与卫出公辄争位。这件"三代卫君"争斗事件与伯夷、叔齐两兄弟互相让位之善举形成鲜明对照。孔子在本章中赞扬伯夷两兄弟的行为,从而反衬出其对卫出公父子行为的不满,也反映出孔子崇尚仁德,赞赏求仁得仁的思想。

7.16 【原文】

zǐ yuē fàn shū shí yǐn shuǐ qǔ gōng ér zhěn zhī lè yì zài qí zhōng yǐ bù yì
子曰:"饭疏食,饮水,曲肱而枕之,乐亦在其中矣。不义
ér fù qiě guì yú wǒ rú fú yún
而富且贵,于我如浮云。"

【译文】

孔子说:"吃粗粮,喝冷水,弯起胳膊当枕头,乐趣便在其中了。而通过不正当

的手段得来的富贵，对于我来说就像浮云一般。"

【英译】

The Master said, "With coarse rice to eat, with water to drink and blended arm for a pillow—I have still joy in these things too. Wealth and honors gained by unrighteous means are to me mere drifting clouds."

【思考与感悟】

本章体现了孔子安贫乐道的精神状态。孔子是有理想的人，其追求理想的过程就是快乐的过程，即使身处贫困，也乐在其中，也不贪恋财富。在孔子看来，追求物质之外更高的精神境界才能体现生命的意义与价值，学道、悟道、行道本身就是一种快乐。所有弟子中，孔子为什么比较喜欢颜回？因为颜回"安贫乐道"，孔子和颜回都有相同的志向和快乐，可谓志同道合。子曰："贤哉，回也！一箪食，一瓢饮，在陋巷，人不堪其忧，回也不改其乐。贤哉，回也！"颜回淡泊名利，安贫乐道。一个真正有修养、有道德的人，不会因外在环境而改变内心的快乐。孔子乐于学习，乐于进德修业，发愤忘食，安贫乐道，乐以忘忧，是每一个人学习的榜样。王国维先生说过："古今之成大事业、大学问者，必经过三种之境界：'昨夜西风凋碧树，独上高楼，望尽天涯路'，此第一境也。'衣带渐宽终不悔，为伊消得人憔悴'，此而第二境也。'蓦然回首，那人却在灯火阑珊处'，此第三境也。"因而，正处在读书好年华的青年们更应志存高远，勤奋地学习知识与技能，为国为民做出更大的贡献。

7.19 【原文】

shè gōng wèn kǒng zǐ yú zǐ lù　zǐ lù bù duì　zǐ yuē　rǔ xī bù yuē　qí wéi rén
叶 公 问 孔 子 于 子 路，子 路 不 对。子 曰："女 奚 不 曰：其 为 人

yě　fā fèn wàng shí　lè yǐ wàng yōu　bù zhī lǎo zhī jiāng zhì yún ěr
也，发 愤 忘 食，乐 以 忘 忧，不 知 老 之 将 至 云 尔。"

【译文】

叶公问子路孔子是什么样的人，子路没有回答他。孔子说："你为什么不这样

说,他这个人,发奋用功可以连吃饭都忘记,开心得忘却一切烦恼,连自己快要老了都不知道,如此而已。"

【英译】

The Duke of She asked Zilu about Confucius, but Zilu did not answer him. The Master said, "Why didn't you tell him that he is the kind of person who is in the eager pursuit of knowledge and forgets to eat, who is in his delight and forgets to worry, and doesn't even realize that old age is approaching?"

【思考与感悟】

本章讲述的是孔子安贫乐道,有终身之乐,无一日之忧。《大学》中有言:"有所忧惧,则不得其正;有所忧患,则不得其正。"因孔子已然得其正,故无所忧惧,无所忧患;又因孔子坚信学无止境,故无论年岁如何,始终坚持孜孜不倦地学习。子曰:"朝闻道,夕死可矣。"(孔子说:"早晨能够得知真理,即使当晚死去,也没有遗憾。")孔子为了追求真理和领悟生活的真谛,纵然付出生命的代价,亦会觉得心满意足。子曰:"学而时习之,不亦说乎?有朋自远方来,不亦乐乎?人不知而不愠,不亦君子乎?"学习可以使人成长,使人进步,使人快乐,使人睿智,用学到的知识服务于自己,服务于他人,服务于社会,自己的心灵就会充实,并获得快乐。所以,人是否幸福,不在外人的理解和评价,而取决于自己,这是一种修养,更是一种境界。孔子学习态度恳切,精益求精,专心钻研是孔子的乐趣。对于我们现代人的启发是不管是学习还是工作,只要用心钻研,深入其中,就能获得更大收获,并能体会到其中的乐趣。

7.22 【原文】

zǐ yuē　　sān rén xíng　bì yǒu wǒ shī yān　　zé qí shàn zhě ér cóng zhī　qí bú shàn
子曰:"三人行,必有我师焉。择其善者而从之,其不善
zhě ér gǎi zhī
者而改之。"

【译文】

孔子说:"和两三人出行,其中必定有值得我学习的人。选择他好的方面向他学习,看到他不好的方面就对照自己有没有,有就改正。"

【英译】

The Master said, "When I walk with two others, among them there must be my teacher. Choose his merits to follow and note his demerits to avoid."

【思考与感悟】

本章表现了孔子虚心好学的高贵品质。这里的学习精神包含了两个方面:一方面是"择其善者而从之",见人之善就学,是虚心好学的精神;另一方面是"其不善者而改之",见人之不善就引以为戒,反省自己,是自觉修养的精神。孔子不仅做到从善而学,而且善于从对方身上寻找问题,做到有则改之,无则加勉。

泰伯篇

8.2 【原文】

zǐ yuē　　gōng ér wú lǐ zé láo　shèn ér wú lǐ zé xǐ　yǒng ér wú lǐ zé luàn　zhí
子曰："恭而无礼则劳，慎而无礼则葸，勇而无礼则乱，直
ér wú lǐ zé jiǎo　　jūn zǐ dǔ yú qīn　zé mín xīng yú rén　gù jiù bù yí　zé mín bù tōu
而无礼则绞。君子笃于亲，则民兴于仁；故旧不遗，则民不偷。"

【译文】

孔子说："只是恭敬而不以礼来指导自己，就会疲惫；只是谨慎而不以礼来指导
自己，就会畏惧；只是勇猛而不以礼来指导自己，就会闯祸；只是心直口快而不以礼
来指导自己，就会刻薄伤人。在上位的人如果厚待自己的亲属，那么老百姓就会效
仿，兴起仁德的风气；君子如果不背弃老朋友，老百姓就不会人情淡薄。"

【英译】

Confucius said，"Reverence without the guidance of the Rites makes us
exhausted；prudence without the guidance of the Rites makes us timid；bravery
without the guidance of the Rites makes us reckless；straightforwardness without
the guidance of the Rites makes us ruthless. If people in high positions treat their
relatives well，benevolence will prevail among the common people；if a
gentleman does not abandon his old friends，the common people will not be cold
and heartless to people."

【思考与感悟】

孔子的这句话深刻地表达了"礼"的重要性。"礼"是人类精神文明的产物，
"礼"是维护社会秩序的重要手段，是自然法则在生活中的运用，是人类在社会生活
中的一种行为规范，这一行为规范涉及社会生活的方方面面。"恭""慎""勇""直"
等德行不是孤立存在的，必须以"礼"作指导，才能发挥其积极意义，否则就会造成
"劳""葸""乱""绞"等后果，也无法达到修身、齐家、治国、平天下的目的。

党的十九大报告指出，新时代中国特色社会主义建设要培育和践行社会主义

核心价值观,推动中华优秀传统文化创造性转化和创新性发展。在中国传统文化中,恐怕很难找出第二种像"礼"这样的文化范畴,能够深刻并且持久地制约着中国人的言谈举止和思维方式,以至于"礼仪之邦"成了中国最好的代言词。因此,重视"礼"的价值,挖掘"礼"文化的内涵,对培育社会主义核心价值观、实现中华优秀传统文化的创造性转化和创新性发展具有重要意义。

8.3 【原文】

曾子有疾,召门弟子曰:"启予足!启予手!《诗》云'战战兢兢,如临深渊,如履薄冰'而今而后,吾知免夫!小子!"

【译文】

曾子得了重病,把弟子们召集到身边来,说:"看看我的脚有没有毁伤!看看我的手有没有毁伤!《诗经》上说:'小心谨慎呀,好像站在深渊旁边,好像踩在薄冰上面。'弟子们!从今以后,我不会有如此的恐惧,担心自己的身体受损了!"

【英译】

When Zengzi was seriously sick, he summoned all his disciples and said, "Uncover my feet to see if they are injured. Then uncover my hands. The Book of Songs says: 'Be cautious, wary and fearful as if standing on the brink of a cliff or on thin ice.' From now on, I know I don't need to worry that my body can be injured!"

【思考与感悟】

曾子借用《诗经》里"战战兢兢,如临深渊,如履薄冰"表达自己一生谨慎小心,避免损伤身体,能够对父母尽孝。《孝经》记载,子曰:"身体发肤,受之父母,不敢毁伤,孝之始也。立身行道,扬名于后世,以显父母,孝之终也。"一个人应当极其爱护父母给予自己的身体,包括头发和皮肤都不能有所损伤,这就是孝道的开始,也是最基本的孝顺。建功立业,遵行道义,扬名于后世,使父母因子女的德行而显耀,这样才是孝道的最终目标,是理想的孝。曾子在临死前要他的学生看看自己的手脚,以确认自己的身体完整无损,而且曾子"仁以为己任",所以不管从个人层面还是社会层面,他一生都在恪守孝道。

8.4 【原文】

zēng zǐ yǒu jí mèng jìng zi wèn zhī zēng zǐ yán yuē niǎo zhī jiāng sǐ qí
曾子有疾,孟敬子问之。曾子言曰:"鸟之将死,其

míng yě āi rén zhī jiāng sǐ qí yán yě shàn jūn zǐ suǒ guì hū dào zhě sān dòng róng
鸣也哀;人之将死,其言也善。君子所贵乎道者三:动容

mào sī yuǎn bào màn yǐ zhèng yán sè sī jìn xìn yǐ chū cí qì sī yuǎn bǐ bèi yǐ
貌,斯远暴慢矣;正颜色,斯近信矣;出辞气,斯远鄙倍矣。

biān dòu zhī shì zé yǒu sī cún
笾豆之事,则有司存。"

【译文】

曾子病重,孟敬子去探望。曾子对他说:"鸟临死之前,叫声是悲哀的;人临死之前,说话是善意的。君子应重视道的三个方面:行为举止恭谨有礼,表情严肃,这样能远离粗暴傲慢;神色端正庄重,这样能接近诚信;言辞不违背理,语气温和,就远离粗鲁。至于祭祀和礼节仪式,自有主管这些事务的官吏来负责。"

【英译】

When Zengzi was seriously sick, Meng Jingzi went to visit him. Zengzi said to him, "The sound of a bird is bitter when it is dying, and the words of a man are kind when he is dying. In regard to the Way, a gentleman should pay attention to three things: First, be courteous so as not to be rude and arrogant;

second, be serious and solemn so as to approach trustworthiness; third, mind one's tones and expressions so as to keep clear of harshness. As for sacrificial practices, it is specialists who are in charge of them."

【思考与感悟】

曾子在病危之际依然秉承仁人的品行，向孟敬子传授君子之道、为臣之道。曾子用"鸟之将死，其鸣也哀"的比喻表明自己说话极为真诚、谦虚的态度，可谓"动之以情、晓之以理"地劝诫孟敬子做好自己分内的事，不要僭越礼制。其师孔子，一直倡导"为政以德，君君臣臣，各安其位"的为政思想，曾子认为如果作为鲁国的实权人物之一的孟敬子发自内心接受并实行君子之道，必将有利于鲁国的人民和政治，所以利用各种机会，想方设法宣扬君子之道。

曾子的话对我们现代人做人做事也有一定的教育意义。年轻人初涉社会，无畏无惧，敢于尝试，敢于创新，但也要注意把握分寸、上下有别，不可肆意妄为，以免犯错误，给单位带来负面影响或损失。

8.6 【原文】

zēng zǐ yuē   kě yǐ tuō liù chǐ zhī gū   kě yǐ jì bǎi lǐ zhī mìng   lín dà jié ér bù
曾子曰："可以托六尺之孤，可以寄百里之命，临大节而不
kě duó yě   jūn zǐ rén yú   jūn zǐ rén yě
可夺也。君子人与？君子人也。"

【译文】

曾子说："有这样一个人，可以把年幼的新君托付给他，可以将国家的命脉寄托于他。面对国家安危存亡的紧要关头，他不动摇、不屈服，这样的人是君子吗？这样的人是真正的君子啊。"

【英译】

Zengzi said："We can entrust a young orphan prince to him and we can entrust the administration of the state to him. Whenever he faces the critical point of the state, he will not go astray or give up. Is he a real man of virtue? Of course he is."

【思考与感悟】

在曾子看来,真正的君子是有理想信念、有道德情操、有才能的人,能受命辅佐幼君,也能辅助国君执掌国家大事,挽救国家于危难之中。曾子的话对于我们现代教育培养新时代社会主义建设者和接班人有极大的指导意义。《人民日报》评论部:现在的青少年长期生活在和平环境之下,没有体验过民族生死存亡的苦难,没有经历过血与火的考验,少了些艰难困苦的奋斗,人生阅历相对有限。"最可怕的敌人,就是没有坚强的信念。"如果不加以正确引导和长期教育,青少年就难以树立正确的理想信念,甚至可能走偏。从"分数满当当、脑袋空荡荡"之类的信仰空虚,到"'90后'遭遇'中年危机'"之类的精神早衰,再到"长着中国脸,不是中国心,没有中国情,缺少中国味"之类的"基因蜕变",虽然都只是少数现象,但理想信念弱化、软化的问题值得重视。因为理想信念是一个民族精气神的"钙片"。习近平总书记也多次强调,我们要"把爱国情、强国志、报国行自觉融入坚持和发展中国特色社会主义事业、建设社会主义现代化强国、实现中华民族伟大复兴的奋斗之中"。

8.7 【原文】

zēng zǐ yuē　　shì bù kě yǐ bù hóng yì　rèn zhòng ér dào yuǎn　　rén yǐ wéi jǐ rèn
曾子曰:"士不可以不弘毅,任重而道远。仁以为己任,
bú yì zhòng hū　　sǐ ér hòu yǐ　bú yì yuǎn hū
不亦重乎?死而后已,不亦远乎?"

【译文】

曾子说:"作为士,不可以没有刚强的毅力,因为他肩负的责任重大,路途遥远。以实现仁德于天下为己任,这样的责任难道不重吗?肩挑重任,到死方休,这样的道路难道不遥远吗?"

Zengzi said，"People who are receiving education have heavy burdens and distant goals，because they must strive for their resolute perseverance to realize benevolence across the world. The road ends only with death. Isn't it a long road?"

【思考与感悟】

"士不可以不弘毅"中的"士"在先秦时代是一种社会等级的划分,是贵族里最末的一个群体,又是平民百姓中地位最高的群体,拥有着贵族传承的教养与理想,同时又往往体验着平民生活的炎凉与渴望。现笼统地解释为有一定地位、有理想抱负的知识分子;"弘"指见识学问要广大;"毅"指决断私欲后的刚毅。曾子认为:作为士,不可以没有刚强的毅力,因为他们"仁以为己任"以行仁作为自己的责任和志向,"任重道远"责任重大而道路却很遥远。曾子坚定地推行仁道,弘扬圣贤教育,他深知这条路很遥远,需要穷其一生。

2015年7月24日,中华全国青年联合会第十二届委员会全体会议、中华全国学生联合会第二十六次代表大会开幕,习近平总书记发来贺信,他向全国各族各界青年和青年学生、向广大海外中华青年说道:"士不可以不弘毅,任重而道远。"国家的前途、民族的命运、人民的幸福,是当代中国青年必须和必将承担的重任。究其根本,中国文化对"士"的期待,是"富贵不能淫,贫贱不能移,威武不能屈",是"穷则独善其身,达则兼济天下",是"我善养吾浩然之气",是"修身齐家治国平天下"。士,是一种知识肯定,是一种人格界定,是一种清正的思想品位,是一种荣光的身份定位。今天的士子,就是明天的国家栋梁,堪当民族复兴大任的时代新人。

8.14 【原文】

zǐ yuē　　bú zài qí wèi　bú móu qí zhèng
子曰:"不在其位,不谋其政。"

【译文】

孔子说:"不在那个职位上,就不谋划那个职位的政务。"

【英译】

Confucius said, "If one is not in that position, one shouldn't interfere with the issues of that position."

【思考与感悟】

孔子时代"礼坏乐崩",统治阶级的权威受到挑战,诸侯违礼和僭越之事层出不穷。当时孔子所在的鲁国,季孙氏、孟孙氏、叔孙氏三家专权,把持朝政,鲁国国君没有地位,没有实质的权力。孔子提倡"不在其位,不谋其政",意思是削弱三家的权力,将其归诸侯国君所有,这在春秋末年对维护社会稳定,抑制社会矛盾的激化起到过重要作用。孔子的这句话在现代社会也有一定的借鉴价值。一个组织中,成员要合理分工、职权明确、互相配合、各尽其责,避免角色错位、权责不清,当然,"不谋其政"并不是"事不关己高高挂起",而是强调成员做好自己的分内工作,各安其位,这对于管理一个团队或组织具有重要的指导意义。

8.16 【原文】

zǐ yuē　　kuáng ér bù zhí　tóng ér bú yuàn　kōng kōng ér xìn　wú bù zhī zhī yǐ
子曰:"狂 而 不直,侗 而 不愿 ,悾 悾 而信,吾不知之矣。"

【译文】

孔子说:"狂妄却不正直,无知却不老实,无能却不守信,我不知道怎么会有这样的人呢。"

【英译】

Confucius said, "Arrogant but not upright, innocent but not honest, incapable but not trustworthy. I don't understand such persons."

【思考与感悟】

儒家一贯倡导"温、良、恭、俭、让"和"仁、义、礼、智、信"的道德品质,而"狂而不直,侗而不愿,悾悾而不信"都是不好的德行,孔子对此十分反感。这三种不仁的人,人人厌之,因为这样的人害人害己,给社会制造混乱。对于我们现代人的启示是:一方面我们要坚定地做一个真诚、正直、谨慎、守信的人;另一方面,对于这三种人的不良德行,我们要反省自己,有则改之,无则加勉。

8.17 【原文】

zǐ yuē   xué rú bù jí   yóu kǒng shī zhī
子曰:"学如不及,犹 恐 失之。"

【译文】

孔子说:"学习就像追赶什么东西似的,唯恐追不上;追上了又唯恐失去。"

【英译】

Confucius said,"When you're learning you feel as if you could not catch up, and when you have made it you are still fearful that you will lose it."

【思考与感悟】

"活到老,学到老"是一种终身学习的态度。"学如逆水行舟,不进则退"是一种不断拼搏努力的精神。思想借助意志转化为行动。孔夫子成为"万世之师"与他一生"发愤忘食,乐以忘忧"的学习状态紧密相连,"学如不及,犹恐失之"体现了真正爱学习的人一种学而不厌的精神。我们处在信息爆炸的时代,知识更新瞬息万变,我们只有不断学习,才不会被时代淘汰。

子罕篇

9.4 【原文】

zǐ jué sì　　wú yì　wú bì　wú gù　wú wǒ
子 绝 四 ：毋 意 、毋 必 、毋 固 、毋 我 。

【译文】

孔子杜绝四种毛病：不凭空臆想，不武断绝对，不固执己见，不自以为是。

【英译】

Confucius is free from four extremes：No assumption，no arrogance，no obstinacy and no egotism.

【思考与感悟】

孔子自律性强，对自己的要求很高，几近苛刻。人人都有妄加猜测、主观武断、固执己见和自以为是的毛病，只是程度不一而已，孔子要求自己杜绝这四种毛病。细想不难发现，这四种毛病是人生大部分苦恼的源泉，难怪孔子说："君子其未得也，则乐其意，既已得之，又乐其治。是以有终生之乐，无一日之忧。"

人有时候会因为别人的一句话、一个表情甚至一个眼神，主观臆断，胡思乱想，推测揣摩半天，让自己烦恼。其实就是源于想得太多，太自以为是，犯了"臆""必""固""我"的毛病。现实生活中，有时如果有人不按照我们的意见做事，我们就开始主观推断：他瞧不起我，他故意跟我作对等，那就又犯了"臆""必""固""我"的毛病。其实，我们没有那么重要，别人也没有那么多闲时间针对我们，是我们想得太多了，太会推断了。孔子的"四绝"告诫我们在认识和改造世界的过程中，我们要多陈述事实，多反思自我，而不要将自己的私心杂念无限放大，徒增很多烦恼，正所谓"世上本无事，庸人自扰之"。

9.8 【原文】

子曰：“吾有知乎哉？无知也。有鄙夫问于我，空空如也，我叩其两端而竭焉。”

【译文】

孔子说：“我有知识吗？其实没有知识。有一个乡下人问我问题，我对他的问题一无所知。我从他所问问题的正反两端去询问、推敲，以便于对问题的原委有个彻底了解，然后使其得到满意的答案。”

【英译】

Confucius said, "Do I have knowledge? In fact, I don't have much knowledge. A peasant asked me a question, but I knew nothing about it. I just asked from both ends of the problem until I was exhausted, so that I could understand the whole truth."

【思考与感悟】

孔子被誉为"万世之师"，不仅视野宽广、知识渊博，而且解决问题方法独特。"吾有知乎哉？无知也"是孔子自谦的说法。孔子虽然并非对所有的问题都了解，但他有超强的学习能力，所以终究也会弄懂。孔子说"有鄙夫问于我，空空如也！"并不是他无知，而是表明他也不完全清楚，或者他觉得鄙夫知道自己所问问题的答案，只是没有厘清头绪，于是孔子"叩其两端而竭"，从提问题的正反两面来追问，一步步问到底，慢慢启发和引导对方，最后问题的答案也就明晰了。这启示我们，教育不是把一个现成的答案灌输给学生，而是启发学生自己探索、思考，找出答案。"授之以鱼不如授之以渔"，任何人都不可能对世间所有事情都全知全能，但我们掌握了解决问题的原理和基本方法，那就能一劳永逸。孔夫子的"叩其两端而竭"就是一种十分有意义的教育方法。

9.17 【原文】

zǐ zài chuān shàng yuē　　shì zhě rú sī fú　　bù shě zhòu yè
子 在 川 上 曰:"逝 者 如 斯 夫! 不 舍 昼 夜。"

【译文】

孔子站在河边,感慨地说:"时光的流逝就像这河水一样呀,日夜不停地向前奔流。"

【英译】

Standing by the river, Confucius said, "The lost time is like this river flowing. It never ceases day or night."

【思考与感悟】

孔子发出"逝者如斯夫,不舍昼夜"的感叹,一方面提醒我们要珍视时光,时光如流水,一不留神便失去了,避免有"花有重开日,人无再少年"的遗憾和悲伤。珍惜每分每秒的当下,一寸光阴一寸金,寸金难买寸光阴。另一方面告诫我们要利用时间好好学习,"进学不已""学无止境"应该成为我们的追求。

9.26 【原文】

zǐ yuē　　sān jūn kě duó shuài yě　　pǐ fū bù kě duó zhì yě
子 曰:"三 军 可 夺 帅 也,匹 夫 不 可 夺 志 也。"

【译文】

孔子说:"一个国家军队的主帅,可能被夺去,但男子汉的志向是不能被改变的。"

【英译】

The Master said, "The commander of the armed forces of a state can be taken away, while the aspiration of an ordinary man can not be changed."

【思考与感悟】

孔子用"三军可夺帅"与"匹夫不可夺志"相比较,突出夺志比夺帅还难,因为一个人如果有了坚定的志向,就无人能够阻挡其前进的步伐;夺志需要人的内力产生动摇,对于志向坚定的人,要夺去他的志向,非外力所能及,除非他本人内心屈从,何况是君子之志,更是难上加难,可谓"一人立志,万夫莫敌",而夺帅可以用人为的外力,力量足够强大,就可能成功。

孔子这句话告诉我们,人的崇高不在于官位大小、身份高低,而在于志向是否坚定。志向坚定的人"贫贱不能移,威武不能屈",矢志不渝、排除万难,坚定不移地走自己的道路。中国古人倡导以悟道为志,有志就有了方向,又名志向,有志者事竟成,说的是志向的作用。"志存高远,行者无疆",志向就像一盏明灯,照亮我们脚下的路,引领着我们到达理想的彼岸。俗话说:"有志不在年高,无志空长百岁",意思是说有志向的人就算年龄很小,也令人敬佩;可如果做人一直没什么志向,"脚踩西瓜皮——滑到哪里是哪里",那他就算活到百岁,也没有活出人生的意义,这样的人只不过是虚度一生而已。人有了志向,就有了前进的动力,人也就有了精气神,也就活成了一束光。

乡党篇

10.1 【原文】

kǒng zǐ yú xiāng dǎng xún xún rú yě sì bù néng yán zhě qí zài zōng miào cháo
孔子于乡党，恂恂如也，似不能言者；其在宗庙朝
tíng pián pián yán wéi jǐn ěr
廷，便便言，唯谨尔。

【译文】

孔子在本乡时，与乡党说话显得很温和谦逊，像是不善言辞的样子。但他在宗庙里、朝廷上，却说话流畅，善于言辞，只是说得比较谨慎而已。

【英译】

Confucius seemed very gentle and modest in his hometown as if he was too shy to talk. However，he was very good at expressing his opinions in the ancestral temple and the imperial court，though he spoke in a cautious manner.

【思考与感悟】

孔子善于处理人际关系，懂得根据说话对象和场合采用不同的说话态度和方式。孔子跟乡里的父老乡亲在一起的时候，言行温和而谦逊，似乎不善言辞，因为乡党们是看着他长大的长辈和亲人，不管文化程度多高，官做得有多大，在父老乡亲的眼里，他依然是从前的那个乡党，曾经打成一片的乡亲，孔子觉得不能忘本，不能忘记父老乡亲当年的照顾，因而言行谦虚，姿态很低。在宗庙或者朝廷里，孔子讲话清晰流畅，但也非常谨慎，真正做到了君子的"有所言又有所不言"，分寸拿捏恰到好处。

10.8 【原文】

shí bú yàn jīng kuài bú yàn xì   shí yì ér aì   yú něi ér ròu bài   bù shí   sè è
食 不 厌 精 ，脍 不 厌 细。食 馐 而 餲，鱼 馁 而 肉 败，不 食；色 恶，

bù shí xiù è   bù shí   shī rèn   bù shí   bù shí   bù shí   gē bù zhèng   bù shí   bù dé qí
不 食；臭 恶，不 食；失 饪，不 食；不 时，不 食；割 不 正 ，不 食；不 得 其

jiàng bù shí   ròu suī duō   bù shǐ shèng shí qì   wéi jiǔ wú liàng   bù jí luàn   gū jiǔ
酱 ，不 食。肉 虽 多，不 使 胜 食 气。唯 酒 无 量 ，不 及 乱。沽 酒

shì fǔ   bù shí   bù chè jiāng shí   bù duō shí
市 脯，不 食。不 撤 姜 食，不 多 食。

【译文】

粮食不嫌舂得精,鱼和肉不嫌切得细。粮食陈旧和变味了,鱼和肉腐烂了,都不吃。食物的颜色变了,不吃。气味变了,不吃。烹调不当,不吃。不是当季的东西,不吃。肉切得不方正,不吃。佐料放得不适当,不吃。席上的肉虽多,但吃的量不超过米面的量。只有酒没有限制,但不喝醉。从街上买来的肉干和酒,不吃。每餐必须有姜,但也不多吃。

【英译】

Rice can't be refined too much，nor meat minced too much. Confucius did not eat rice which had been affected by heat or damp and turned sour，nor fish or flesh which was changed. He did not eat what was discolored or what was of bad smell. He did not eat anything which was badly-cooked or was not in season. If food was not properly cut，he would not eat it. If it did not have the proper sauce，he would not eat it，either. Although he might eat plenty of meat，he did not allow it to exceed the amount of rice. Only in the case of wine did he have no limit，but he never allowed himself to get drunk. He did not drink wine or eat dried meat bought from the street. He never ate without ginger，but he did not eat too much of it.

【思考与感悟】

这章讲的是孔子的饮食观。孔子为了更好地保持健康,提出了一系列饮食原则,体现了孔子对健康的珍视。孔子身体健康为他为教从政以及周游列国创造了良好的生理基础,也是孔子健康长寿的重要原因。孔子注重合理膳食,也体现了他对现实生活的珍惜和对生命的热爱。

10.10 【原文】

shí bù yǔ　qǐn bù yán
食不语,寝不言。

【译文】

吃饭的时候不交谈,睡觉的时候不说话。

【英译】

Be silent while you are eating. No talking while you are in bed.

【思考与感悟】

孔子提出"食不语,寝不言",不仅是一种日常修身,更是个人修养的体现。它兼具科学道理和人文关怀。吃饭的时候不交谈,一方面有助于身体健康和肠胃消化,另一方面反映人的行为得体。睡觉的时候不说话,一方面创造安静的睡眠环境,有助于快速入睡,提高睡眠质量,有益身体健康,另一方面也是体谅他人的表现。孔夫子的这句话表面看是对人身体健康的考虑,实质上是孔子个人修养的具体反映。

10.12 【原文】

xí bú zhèng　bú zuò
席不正,不坐。

【译文】

坐席摆放得不端正,不符合规矩,不就坐。

【英译】

If the sitting mat was not properly arranged, he would not sit on it.

【思考与感悟】

在孔子的时代,还没有椅子,但有坐席。不论是自家闲谈,还是请客宴饮,一般都是把席子放在地上,人跪坐在上面,而且在席子摆放和坐姿方面有严格的规矩和礼仪。孔子在落座之前,若是发现席子没有摆放端正,不符合席子摆放的礼节和规矩,是不会坐下的。席铺在地上,若是摆得不端正,或者移动而导致偏斜,坐下去便会影响到邻近的座位,给别人造成不便,这是一种良好的礼节和修养。立身于世,细节上体现出个人修养和品行。孔子这种执着于礼仪细节的精神,对后世的人们来说是很有借鉴意义的。万事讲规矩、守礼仪,才能规范人们的行为,维持社会的秩序,促进社会的进步。

10.13 【原文】

xiāng rén yǐn jiǔ　zhàng zhě chū　sī chū yǐ
乡 人 饮 酒, 杖 者 出,斯 出 矣。

【译文】

同乡人在一块儿饮酒吃席后,等老年人下席和出去了,孔子才出去。

【英译】

When drinking with his fellow villagers, Confucius waited until the elderly had left before leaving.

【思考与感悟】

此处讲述的是孔子对尊老这一传统美德的推崇。"饮酒"是指由于重要的祭祀活动,乡人聚在一起饮酒吃饭。"杖者"意思是手持拐杖的人,这里指代老年人。尊老敬老是我们中华民族从古到今的优良传统和美德。尊老往往与孝道联系在一起，尊老是孝行的一种体现，孝心的内涵之一就是尊老。与长辈吃饭喝酒时，长辈坐上座，长辈入座后，其他人依次就座；饭菜上桌，长辈先动筷子，然后再开始吃饭。饭后散席，长辈离开饭桌，其他人才可以离开。当今社会，虽然物质富足，但是尊敬老人、爱戴老人依然是一个人品性和修养的体现。

先进篇

11.7 【原文】

jì kāng zǐ wèn   dì zǐ shú wéi hào xué   kǒng zǐ duì yuē   yǒu yán huí zhě hào
季 康 子 问 ："弟 子 孰 为 好 学 ？"孔 子 对 曰 ："有 颜 回 者 好
xué bú xìng duǎn mìng sǐ yǐ   jīn yě zé wú
学 ，不 幸 短 命 死 矣 ，今 也 则 亡 。"

【译文】

季康子问："你的学生中哪个好学用功呢？"孔子回答说："有个叫颜回的学生好学用功，不幸短命早逝了，现在没有这样的人了。"

【英译】

Ji Kangzi asked Confucius，"Who is the one who is eager to learn among your disciples?" Confucius said to him，"It is Yan Hui who is keen to learn，but he died in an early age. Since Yan Hui was dead，there has been no one who is fond of learning like him."

【思考与感悟】

本章孔子对颜回的好学给予高度评价。孔子所说的好学有两层涵义，一方面是热爱学习，孜孜不倦，永不停息，即"学如不及，犹恐失之"；另一方面是对儒家思想的信奉和践行，即"学而时习之，不亦乐乎"。在孔子看来，世界上真正好学的人太少了。虽然他的门下有弟子三千，贤者七十二，但在他眼里，能无愧于"好学"二字者，唯颜回一人而已。

好学不仅是一种态度，而且是一种境界，能提升自己修养，使自己变得更好，更好地服务于人类发展。

11.16 【原文】

zǐ gòng wèn　　shī yǔ shāng yě shú xián　　zǐ yuē　　shī yě guò　shāng yě bù jí
子 贡 问:"师 与 商 也 孰 贤?"子 曰:"师 也 过, 商 也 不 及。"
yuē　　rán zé shī yù yú　　zǐ yuē　　guò yóu bù jí
曰:"然 则 师 愈 与?"子 曰:"过 犹 不 及。"

【译文】

子贡问孔子:"子张和子夏哪个更贤能?"孔子说:"子张做事容易过头,子夏做得不够。"子贡又问:"那么子张是不是更好一些?"孔子说:"做得过头和做得不够是一样的。"

【英译】

Zigong asked, "Which of the disciples was the better, Zhuansun Shi or Bu Shang?" The Master said, "The former tends to go too far, while the latter not far enough." Zigong pursued with "So I suppose that Zhuansun Shi is superior?" But Confucius replied, "Going too far and not going far enough are equally bad."

【思考与感悟】

儒家的中庸思想和古希腊哲学家亚里士多德的"黄金中道"(Golden Mean)之间有许多相同之处,可谓异曲同工,两者的精妙之处都在于避免过头和不足这两个极端,其本质是达到极致的合适。事情做得过头,如同做得不够一样,都是不合适的。中庸之道的思想体现在人生的方方面面,比如,人不能过于享乐,也不能过于节俭。情感上不能大喜大悲,也不能不喜不悲。做事不能过于激进,也不可过于懒散。教育上不能过于超前,也不可过于滞后。管教孩子不能专制,也不能放任。投入工作,但也不能废寝忘食,不眠不休。人生处处需要平衡,事事饱含中庸思想。再者,从子贡与夫子的对话中,也可以感受到孔子因材施教的教育理念。子贡向孔子提问,表面看是讨论师兄们的为人与学识,实则希望老师借此夸赞自己。知徒莫若师,孔子以"过犹不及"勉励子贡不要沾沾自喜,要继续进德修业。

11.17 【原文】

jì shì fù yú zhōu gōng ér qiú yě wéi zhī jù liǎn ér fù yì zhī   zǐ yuē   fēi wú tú
季氏富于周 公，而求也为之聚敛而附益之。子曰："非吾徒

yě xiǎo zǐ míng gǔ ér gōng zhī kě yě
也，小子鸣鼓而攻之可也。"

【译文】

季氏比周朝的公侯还要富有，而冉求还帮他聚敛钱财，使其财富不断扩充。孔子说："冉求不再是我的弟子了，你们可以大张旗鼓地去声讨他！"

【英译】

The Ji Family was richer than any Duke of Zhou King，yet Ran Qiu was still helping him accumulate wealth by unfair means and made him much richer. Confucius said，"Ran Qiu is no longer my disciple. My dear disciples，you may beat the drum and condemn him publicly."

【思考与感悟】

季氏是掌管鲁国国政大事的三桓家族之首，在朝政中享有绝对的权力，还掌握着鲁国的军队。孔子的学生冉求为其辅政，不仅没有竭力造福于民，还帮季氏聚敛钱财，使其财富不断扩充，季氏可谓"富可敌国"。面对爱徒冉求为虎作伥的行为，孔子没有姑息，而是严厉地指出了他的错误，并要求弟子们公开声讨他的不仁行为。孔子这种把国家和人民的利益放在第一位的做法，体现了孔子以"道义"为重，不论亲疏的是非观，值得当今管理者学习。

中国社会一直是一个人情社会，凡事无法避免"关系""人情""面子"等，但是管理者要时刻保持头脑清醒，即使手中有权，也要把人民利益放在第一位，更要把国家利益放在心上，不能没有底线，更不能无视法律法规，无视是非，以免徇私枉法，酿成大错，给国家和人民造成损失。

11.22 【原文】

zǐ lù wèn　　wén sī xíng zhū　　zǐ yuē　　yǒu fù xiōng zài　　rú zhī hé qí wén sī
子路问："闻斯行诸?"子曰:"有父兄在,如之何其闻斯

xíng zhī　　rǎn yǒu wèn　　wén sī xíng zhū　　zǐ yuē　　wén sī xíng zhī　　gōng xī huá
行之?"冉有问:"闻斯行诸?"子曰:"闻斯行之。"公西华

yuē　　yóu yě wèn　　wén sī xíng zhū　　zǐ yuē　　yǒu fù xiōng zài　　qiú yě wèn　　wén
曰:"由也问:'闻斯行诸?'子曰:'有父兄在';求也问:'闻

sī xíng zhū　　zǐ yuē　wén sī xíng zhī　　chì yě huò gǎn wèn　　zǐ yuē　　qiú yě tuì
斯行诸'。子曰'闻斯行之'。赤也惑,敢问。"子曰:"求也退,

gù jìn zhī　　yóu yě jiān rén　　gù tuì zhī
故进之;由也兼人,故退之。"

【译文】

子路问:"凡事听闻后就付诸行动吗?"孔子说:"父亲和兄长都在,怎么能听到就行动呢?"冉有问:"凡事听闻后就付诸行动吗?"孔子说:"一听到就行动。"公西华说:"仲由问'一听到就行动吗',您说'父亲和兄长都在,怎么能一听到就行动呢';冉求问'一听到就行动吗',您说'一听到就行动'。我有些糊涂了,斗胆问问老师原因。"孔子说:"冉求平日做事退缩,所以我激励他;仲由好勇胜人,所以我要压压他。"

【英译】

Zi Lu asked, "Should one immediately act on what one learns?" The Master said, "While your father and elder brother are alive, they must be consulted; How can you dash immediately into action?" But when Ran You asked the same question. Confucius said, "Certainly, act on what you learn without any hesitation." Gongxi Hua was puzzled, and asked Confucius why he had given two opposite answers to the same question. The Master said, "Ran You is recreant, so I urged him on while Zi Lu is imprudent, so I held him back."

【思考与感悟】

本章的故事体现了孔子的教育原则与方法,显现了孔子因材施教的教育理念

和善于知人论事的方法。因材施教是指依据学生的个性和成长经历而教。孔子面对同样的问题,因不同的弟子,给出了不同的答案。子路性格鲁莽,故孔子教他行事前要和父兄商量,理智行事,不要勇猛过了头;而冉求生性懦弱,遇事退缩,故孔子鼓励他果断行动。孔子结合学生的具体心性来施教,一进一退之间,使每个学生都能扬长避短,获得最佳发展,终身受益。孔子的教育思想认识到人的差异性在教育中的重要性,包括性格、资质、成长环境等。他重视发挥人的潜能,尊重学习者个体成长需求,注重教学效果,推动了古代教育的发展。因材施教是一种非常重要的教育理念和教学方法,其价值影响至今。

颜渊篇

12.17 【原文】

jì kāng zǐ wèn zhèng yú kǒng zǐ   kǒng zǐ duì yuē   zhèng zhě   zhèng yě   zǐ
季 康 子 问 政 于 孔 子,孔 子 对 曰:" 政 者, 正 也。子
shuài yǐ zhèng   shú gǎn bú zhèng
帅 以 正 ,孰 敢 不 正 ?"

【译文】

季康子向孔子询问为政之道,孔子回答说:"'政'的意思就是端正,您自己先做到端正,谁还敢不端正?"

【英译】

Ji Kangzi asked about governance. The master said,"To govern is to be right. If you govern in a right way,who will dare not to do what is right?"

【思考与感悟】

在为政之道上,孔子的原则是"正己而正人,上行下效",意思是只要领导自己做得正,下面的风气就自然正了。首先,为政者要做到自身端正,品德高尚,公平公正,体恤平民百姓,凡事要真切地为百姓所考虑,将人民放在心中,一切为了人民。其次,为政者要带头树立良好的社会风气,以身作则,引领社会正气,百姓才会自觉端正自己,自觉承担社会责任。

正人先正己这一道理也适用于教育。无论是家庭教育,还是学校教育,家长和老师都应该起到模范带头作用。关于学校教育,习近平总书记曾说:"教师要时刻铭记教书育人的使命,甘当人梯,甘当铺路石,以人格魅力引导学生心灵,以学术造诣开启学生的智慧之门。"因为亲其师,才会信其道。在家庭教育中,父母是孩子最亲密的伙伴,也是孩子人生第一任老师,是孩子模仿和学习的对象。父母的一言一行都在影响自己的孩子、教育自己的孩子。孩子通过观察父母的言行,懂得了如何做人做事的道理。孩子通过听父母说话,学会了如何说话。孩子通过看父母学习和工作的样子,知道了学习的重要性。孩子和父母一起生活,懂得了生活习惯对健

康很重要。所以当父母意识到自己正在成为孩子的榜样时,就会在正确的时候用正确的方法做正确的事。父母的每个行为都在孩子心里种下一颗种子,在人生的某个时候会发芽结果。

12.23 【原文】

子贡问友,子曰:"忠告而善道之,不可则止,毋自辱焉。"

【译文】

子贡问孔子如何结交朋友。孔子说:"忠诚地劝告他,好好地引导他,如果他不听也就罢了,以免自取其辱。"

【英译】

Zigong asked about friendship. The Master said,"Try to advise and guide your friends with good and heartfelt intentions. If they don't listen to you,learn to desist. Don't wait to be humiliated."

【思考与感悟】

"忠告而善道之,不可则止"有三层意思:一是真诚相待,二是注意方式方法,三是把握好分寸。人与人交往的最佳境界是彼此舒服,朋友之间也一样。凡事坦诚相待,互相成就。身处逆境时,互帮互助,互不计较得失。当朋友有缺点或过失时,要善意地劝导,而且要注意方式方法,切忌过于直白,还要注意分寸和距离。当我们的善意劝告遭到拒绝时,我们应该学会适可而止,不能够将自己的想法强加到朋友身上,更不能不依不饶、不达目的不罢休,否则,会自取其辱,友情必将走到尽头。

子路篇

13.5 【原文】

zǐ yuē sòng shī sān bǎi shòu zhī yǐ zhèng bù dá shǐ yú sì fāng bù néng
子曰："诵《诗》三百,授之以 政 ,不达;使于四方,不 能
zhuān duì suī duō yì xī yǐ wéi
专 对;虽多,亦奚以为?"

【译文】

孔子道:"熟读《诗经》三百篇,派他处理政务,却不能办好;让他出任使节,却不能独立处理外交事务;那么即使《诗经》里的篇章背得再多,又有什么用呢?"

【英译】

The Master said,"A man may be able to recite all three hundred poems in The Book of Songs,but if he is assigned an administrative task,he can not handle it;or if he is appointed as an envoy to other states and he can not fulfill his mission,then what's the practical use of his learning?"

【思考与感悟】

《诗经》是我国最早的一部诗歌总集,孔子高度重视《诗经》的学习,认为读《诗经》可以帮助人们提高德行修养,博观天地,懂得为人处世,更有入世为政的效用。他也提出即使《诗经》里的篇章背得滚瓜烂熟,但如果不能活学活用,处理政事,那意味着没学好,没有什么用处,这一点对我们现代人也有很大启发。人们常说:"读了那么多书,依然过不好这一生。"说的也是这个道理。我们要不断学习,要始终保持求知的欲望,但还要学以致用,才能成就一番事业。

13.24 【原文】

zǐ gòng wèn yuē　xiāng rén jiē hào zhī　hé rú　zǐ yuē　wèi kě yě　xiāng rén
子 贡 问 曰:"乡 人 皆 好 之,何 如?"子 曰:"未 可 也。""乡 人
jiē wù zhī　hé rú　zǐ yuē　wèi kě yě　bù rú xiāng rén zhī shàn zhě hào zhī　qí bù
皆 恶 之,何 如?"子 曰:"未 可 也。不 如 乡 人 之 善 者 好 之,其 不
shàn zhě wù zhī
善 者 恶 之。"

【译文】

子贡问孔子:"乡间邻里都很喜欢的人,这个人怎么样?"孔子说:"无法判断。"(子贡又问:)"那全乡的人都讨厌他,这个人怎么样?"孔子说:"还是无法判断。最好是乡里的好人都喜欢他,乡里的坏人都讨厌他,这个人才是好人。"

【英译】

Zigong asked,"What do you think of a man loved by all his countrymen?" The Master said,"Not good enough." "What about a man hated by all his countrymen?" The Master said,"I am not sure whether he is bad or not. It is better that the good countrymen like him and the bad countrymen hate him."

【思考与感悟】

本章孔子引导我们要学会思考,善于运用批判思维对待舆论,切忌盲从或者跟风,即不要人云亦云。如果人们都很喜欢一个人,那么这个人有可能是老好人,凡事没有原则;这个人也可能是老江湖,处事世故圆滑、八面玲珑,没有经过观察和审视还不能判断这个人是否是真正的好人。反之,人们都讨厌一个人,这个人也未必是坏人。所以孔子说:"乡里的好人都喜欢他,乡里的坏人都讨厌他,这个人才是好人。"这告诉我们凡事要善于观察评估,全面思考,多角度分析,不要妄下结论。信息爆炸的互联网时代,充斥着许多社会舆论和谣言,我们每个人都应该保持头脑清晰,多查证信息来源是否可靠,理性分析,坚持正确的是非观,不信谣,不传谣,积极践行社会主义核心价值观。

13.27 【原文】

zǐ yuē gāng yì mù nè jìn rén
子曰:"刚、毅、木、讷,近仁。"

【译文】

孔子说:"刚强、果决、朴质而言辞谨慎,有这四种品德的人近于仁德之人。"

【英译】

The Master said，"The firm，the bold，the simple and the cautious are close to benevolence."

【思考与感悟】

本章孔子讲述了"仁"的四种品质。"刚"是指刚强不屈,不为欲望所动摇;"毅"是指刚毅果敢,不为困难和威势所屈服;"木"是指为人淳朴敦厚,质朴无华;"讷"是指言语迟钝、谨言慎行。《中庸》中孔子说:"好学近乎知,力行近乎仁,知耻近乎勇。"其中"力行近乎仁",力行什么呢? 就是力行"刚、毅、木、讷"这四种品质。"刚毅"传达出了一种坚定,为实现自我目标而又不言弃的执着精神,而这种自强不息、不屈不挠的精神早已渗透进中国人的血脉,成为民族精神的重要组成部分,不断激励着我们为实现中华民族伟大复兴的中国梦而不断奋进。"木讷"与"巧言令色"相对立,是一种质朴的、谨言慎行的做人态度,稳重而不张扬,给人安全感。但是,生活在新时代的我们也要警惕循规蹈矩、墨守成规、画地为牢的"书呆子"思想,要敢于打破旧的传统观念,敢于尝试与实践,勇于创新,勇于突破。

宪问篇

14.4 【原文】

zǐ yuē　yǒu dé zhě bì yǒu yán　yǒu yán zhě bú　bì yǒu dé　rén zhě bì yǒu yǒng
子曰：“有德者必有言，有言者不必有德。仁者必有勇，

yǒng zhě bú bì yǒu rén
勇者不必有仁。”

【译文】

孔子说："有德的人一定有好的言论，但有好言论的人不一定有德。仁德之人一定勇敢，但勇敢的人未必一定有仁德。"

【英译】

The Master said，"The virtuous will surely have something good to say，but those who have something good to say are not always virtuous. The benevolent will surely have courage，but those who have courage are not always benevolent."

【思考与感悟】

本章孔子阐释了两对关系："有德"与"有言"以及"仁者"与"勇敢"的关系。"有德者必有言"指当一个人具备良好的品行，从内心深处遵循道德规范的时候，向他人表达的时候自然传递的是正确价值观，即言为心声；而"有言者不必有德"指伶牙俐齿、口吐莲花之人，未必真正有德行，因为其中也不乏巧言令色、阿谀奉承的角色，以获取某种个人利益。仁者是兼济天下和苍生的人，仁者勇于探索，不畏强权，也不畏惧艰辛，他们会勇敢地追随正义和理想；而勇敢的人不一定有仁德，也有可能是鲁莽之勇、匹夫之勇。这对我们现代人的启示是：在日常生活中，我们要做一个有仁德的人，"三观"正确是根本，在此基础上再不断丰富学识，掌握表达技巧。反之，如果一味地追求巧舌如簧、能言善辩、口若悬河而没有扎实的学识修养和高尚的品格，也难以获得社会的认同，因为只有高尚品德内化于心之时，才能通过好好说话使德行外化于行。

14.7 【原文】

zǐ yuē   ài zhī néng wù láo hū   zhōng yān néng wù huì hū
子曰:"爱之,能 勿 劳乎? 忠 焉, 能 勿 诲乎?"

【译文】

孔子说:"爱他,能不教他勤劳吗?忠于他,能不以善言来劝诫他吗?"

【英译】

The Master said,"If you love him, can you fail to instruct him to be industrious? If you are loyal to him, can you fail to admonish him?"

【思考与感悟】

本章孔子讨论的是人的"忠爱之心","忠"指忠诚之心,包括对国家、国君、领导等;"爱"指爱护之心,包括对下级、百姓、孩子等。真爱而不溺爱,就要教他勤劳,因为好逸恶劳会使人丧失基本的生存能力、劳作能力和思维能力,也就无法立足社会,实现个人价值。比如,作为上级,要敢于放手让下属施展才华做工作,而不是事事亲为,因为下属只有不断磨炼、不断试错,才能获得成长,这才是对下属真正的负责和爱护;同理,如果父母真的为孩子一生成长考虑,就要放手让孩子做一些力所能及的家务,让孩子多一点自理、自立,这才是正确的爱。真正的对下之爱,应该是利用一切时机,为他们创造条件,让他们"劳",这样不仅有助于培养他们吃苦耐劳的品质,培养他们分析问题、解决问题的能力,还有助于他们感受到自我的价值和人生的意义,维护身心健康。忠于国家就是在国家需要的时候挺身而出,出谋划策,共渡难关;忠于上级,就是在上级犯错误的时候敢于谏言,这才是真正的忠心。在中国历史上,比干、魏征等都是敢于向皇帝直言进谏的大臣,是名副其实的忠臣;如果不管上级说什么都点头哈腰,唯命是从,不分是非曲直,那就是愚忠。

14.34 【原文】

huò yuē   yǐ dé bào yuàn hé rú   zǐ yuē   hé yǐ bào dé   yǐ zhí bào yuàn yǐ
或 曰 :"以 德 报 怨 ,何 如 ?"子 曰 :"何 以 报 德 ? 以 直 报 怨 ,以
dé bào dé
德 报 德 。"

【译文】

有人问孔子:"用恩德来报答怨恨怎么样?"孔子说:"那么用什么来报答恩德呢? 应该是用正直来回报怨恨,用恩德来报答恩德。"

【英译】

Someone asked Confucius，"How about repaying resentment with virtue?" The Master said，"Then with what shall we repay virtue? Better to repay resentment with integrity and repay virtue with virtue."

【思考与感悟】

本章孔子提倡"以直报怨,以德报德",而不是"以德报怨"或"以怨报怨"。"以直报怨"是指用公正无私来回报怨恨,也就是说别人对我们施以不善,我们要坚持公平、公正和正直来面对,必要时用道德和法制的手段解决,以预防更大的不善。"以德报德"是指用恩德回报恩德,也就是说别人对我们施以善意,我们就用更大的善意加以回馈,用德行滋养德行,形成良性循环。如果"以德报怨",没有是非公正,就成了孔子口中的"乡愿",从长远讲,对人对己都不利;如果"以怨报怨",冤冤相报,永无休止,就会陷入恶性循环,伤人伤己,危害社会秩序。人际交往中,难免会发生一些摩擦和冲突,但是真诚和正直有助于化解冲突。我们应该坚持"以直报怨,以德报德"的正当态度。我们应该尽力以公正、温和的态度去寻求和解的办法,适当的时候可以借助于法律来解决,不能无底线地求和,更不能用暴力来解决。

14.42 【原文】

zǐ lù wèn jūn zǐ   zǐ yuē   xiū jǐ yǐ jìng   yuē   rú sī ér yǐ hū   yuē   xiū
子路问君子。子曰:"修己以敬。"曰:"如斯而已乎?"曰:"修
jǐ yǐ ān rén   yuē   rú sī ér yǐ hū   yuē   xiū jǐ yǐ ān bǎi xìng   xiū jǐ yǐ ān bǎi
己以安人。"曰:"如斯而已乎?"曰:"修己以安百姓。修己以安百
xìng   yáo   shùn qí yóu bìng zhū
姓,尧、舜其犹病诸!"

【译文】

子路问如何成为君子。孔子说:"加强自我修养,保持严肃恭敬的态度。"子路说:"这样就够了吗?"孔子说:"加强自我修养,使周围的人们安乐。"子路说:"这样就够了吗?"孔子说:"加强自我修养,使所有百姓都安乐。加强自我修养,使所有百姓都安居乐业,恐怕连尧舜也很难做到吧!"

【英译】

Zilu asked Confucius about the nature of the gentleman. The Master said,"He trains himself to show reverence for others." Zilu asked,"Is that all?" The Master said,"He trains himself to give ease to others." Zilu asked again,"Is that all?" The Master said,"He trains himself to give ease to all people across the state. Talking about training himself to give ease to all people across the state,even the sages Yao and Shun found it hard to make."

【思考与感悟】

本章孔子提出了君子的三层自我修养的境界,分别是"修己以敬""修己以安人""修己以安百姓"。第一层是"修己以敬",加强自我修养,保持恭敬之心,这是"修心"的基础功夫;第二层是"修己以安人",加强自我修养,并能使周围的人感到安定快乐,这是内修于心,外化于行的过渡阶段;第三层是"修己以安百姓",加强自我修养,并使天下百姓过上太平的生活,这是"修己"的终极目标。这种境界虽然很难企及,却是我们个人修养提高的必然过程,是个人修身、实现理想与服务天下有

机统一的渐进过程。修身齐家治国平天下,修身是第一位的,不立己则无以立人。

孔子的"修己以安人""修己以安百姓",强调的是通过修己来实现"安人""安百姓"的目的。传统文化对于修身与为政关系的阐释,启示我们:做官先做人,做人必修身。

卫灵公篇

15.8 【原文】

zǐ yuē　 kě yǔ yán ér bù yǔ zhī yán　 shī rén　 bù kě yǔ yán ér yǔ zhī yán　 shī yán
子曰："可与言而不与之言，失人；不可与言而与之言，失言。

zhì zhě bù shī rén yì bù shī yán
知者不失人亦不失言。"

【译文】

孔子说："可以和他说的话却不和他说，这样就错失了人才；不可以和他说的话却和他说了，就是说错了话。有智慧的人既不失去人才也不说错话。"

【英译】

Confucius said，"You waste a man when you ought to talk with him but fail to talk；You waste words when your ought not to talk but you talk. A wise man wastes neither people nor words."

【思考与感悟】

这章孔子阐释的是说话要注意选择对象，哪些人是可以交谈的，哪些人是不可以交谈的，有智慧的人既不失去人才也不说错话。孔子认为，应该和某人说的话，却没有给他说，就是失去了育人的机会，也对不起这个人，是失人；而不该和某人说的话，却给他说了，这是看错了听话对象，是失言，无论是失人还是失言，都是因为没有看清说话的对象。说话是一门沟通的艺术，也是一种个人修养，既要考虑说话对象，也要考虑时间、地点、场合、方式方法，甚至后果。有智慧，懂得知人识人，就不至于失人；说话有分寸感，知道什么话该说，什么话不该说，就不至于失言。真正有智慧的人在处理人际关系时懂得分寸，把握中庸之道，进退有度，能做到"不失人亦不失言"。

15.12 【原文】

zǐ yuē   rén wú yuǎn lǜ   bì yǒu jìn yōu
子曰:"人无远虑,必有近忧。"

【译文】

孔子说:"人如果没有长远的考虑,必定有眼前的忧患。"

【英译】

Confucius said,"If a man fails to think about far-reaching situations,he is sure to encounter immediate woes."

【思考与感悟】

本章孔子教导我们做人做事目光要放长远,要考虑周全,要有忧患意识和未雨绸缪的远见卓识。孔子所提出的"人无远虑,必有近忧"体现了儒家居安思危的忧患思想,这对治国理政和个人成长都有重要的战略意义。20世纪70年代,我们之所以奋力推进改革开放,一个重要原因就是"落后就要挨打"的强烈忧患意识在警醒着我们要奋起直追,发展经济。习近平总书记在庆祝改革开放40周年大会上引用《管子·乘马》中的"事者,生于虑,成于务,失于傲",告诫人们要用深谋远虑的眼光、真抓实干的精神和自我警醒的忧患意识来干事创业,将改革开放进行到底。

15.15 【原文】

zǐ yuē   gōng zì hòu ér bó zé yú rén   zé yuǎn yuàn yǐ
子曰:"躬自厚而薄责于人,则远怨矣。"

【译文】

孔子说:"多责备自己而少责备别人,就可以远离别人的怨恨。"

【英译】

Confucius said，"If you blame yourself more and others less，you can get away from resentment."

【思考与感悟】

本章孔子告诉我们人际交往的重要原则，也就是说多责备自己而少责备别人，即"严于律己，宽以待人"的思想。孔子曾说："君子求诸己，小人求诸人。"凡事我们要多从自己身上找问题，而不是一遇到问题就推卸责任给他人。人与人交往难免会有各种分歧和矛盾，我们应该多想想自己有没有做的不对或者不够好的地方，多反思责备自己，多替别人考虑，少苛求他人，少推卸责任，少找借口，这样就可以减少摩擦，远离怨恨，促进人际关系和谐，助于问题有效解决。

15.17 【原文】

zǐ yuē　　qún jū zhōng rì　yán bù jí yì　hào xíng xiǎo huì　nán yǐ zāi
子曰："群 居 终 日，言 不 及 义，好 行 小 慧，难 矣 哉！"

【译文】

孔子说："一帮人整天聚在一起，说些不合道义的话，喜欢卖弄小聪明，这种人很难造就。"

【英译】

Confucius said，"It is hard to teach those who gather together all day，whose words are irrelevant to what is right，and who only carry out their personal schemes."

【思考与感悟】

一个朝气蓬勃、充满正能量的集体，是一个有着理想与抱负的健康集体，是一个充满生命力的集体，在这样的集体中，人们才会眼中有光，充满活力，积极向上。如果朋友聚在一起不谈工作，不谈理想，只顾吃喝玩乐，谋划私利，终日无所事事，那么就是"群居终日,言不及义""饱食终日,无所用心"之人,这是一种人生的悲哀,也是不良社会习气,应该杜绝。2020年五四青年节,习近平总书记寄语新时代青年:"青春由磨砺而出彩,人生因奋斗而升华。新时代中国青年要继承和发扬五四精神,坚定理想信念,站稳人民立场,练就过硬本领,投身强国伟业,始终保持艰苦奋斗的前进姿态,同亿万人民一道,在实现中华民族伟大复兴中国梦的新长征路上奋勇搏击。"这是新时代中国人应该培养的一种精神状态,是我们每个人努力的方向。

15.18 【原文】

zǐ yuē jūn zǐ yì yǐ wéi zhì lǐ yǐ xíng zhī xùn yǐ chū zhī xìn yǐ chéng zhī
子曰:"君子义以为质,礼以行之,孙以出之,信以成之。
jūn zǐ zāi
君子哉!"

【译文】

孔子说:"君子把道义作为自己行事的根本,依照礼来实行,用谦逊的言语来表述,用诚信的态度来完成它。这才是君子呀!"

【英译】

Confucius said, "The virtuous man takes righteousness as the basis, practices it in accordance with the Rites, expresses it with humility and accomplishes it with sincerity. That's exactly a virtuous man."

【思考与感悟】

本章孔子阐释的是君子之行,即"义以为质,礼以行之,孙以出之,信以成之",用今天的话说就是有道德、有礼貌、谦逊、诚信是君子所为,具备这四种美德就可以称得上君子了。"义以为质"是指把道义作为自己行事的根本,凡事要求有道德,讲操守,遵守法律和道德,做到心中有善,君子喻于义。"礼以行之"是指依照礼制来实行,凡事要求有礼貌,遵守礼节,恪守礼仪,彬彬有礼,平等对待每一个人,处事待人皆用礼。"孙以出之"其中"孙"通"逊",是指用谦逊的言语来表达,凡事要求谦逊谨慎,不沾沾自喜,不骄傲自满,而要坦诚相待,实事求是,拥有"知之为知之,不知为不知"的智慧。"信以成之"是指用诚信的态度来完成它,凡事要求以诚相待,言而有信,不撒谎,不欺骗,不隐瞒,对人对事,处处有信。诚乃立身之本,信乃道德之基。

15.21 【原文】

zǐ yuē jūn zǐ qiú zhū jǐ xiǎo rén qiú zhū rén
子曰:"君子求诸己,小人求诸人。"

【译文】

孔子说:"君子要求自己,小人苛求别人。"

【英译】

Confucius said,"A virtuous man makes demands on himself while a petty man makes demands on others."

【思考与感悟】

本章孔子阐释了君子与小人的区别之一是"求诸己"还是"求诸人"。"君子求诸己,小人求诸人"中的"求",责也;"诸",之于。"求诸己"意为责备自己或要求自己;"求诸人"意为责备别人或要求别人。用今天的话说就是:君子严于律己,宽以待人;小人严于待人,宽以律己。"君子求诸己"是向内求,不为自己的错误找借口,不怨天尤人,一切问题先从自己身上找原因,遇到问题先反省自己。"小人求诸人",认为一切问题都是别人的错误,自己永远是对的,只对别人提要求,不对自己有要求。君子道德高尚,为人谦逊,宽容他人,凡事先反省自己,从我做起,让自己变得更好,做更优秀的自己。

15.23 【原文】

zǐ yuē   jūn zǐ bù yǐ yán jǔ rén   bù yǐ rén fèi yán
子曰:"君子不以言举人,不以人废言。"

【译文】

孔子说:"君子不会因一个人说话好听就推举他,也不会因为一个人的不好而鄙视他的话。"

【英译】

Confucius said, "The virtuous man does not recommend a man because of his good words, nor does he put aside good words because the speaker has some bad conducts."

【思考与感悟】

本章孔子讲述为官者选拔人才要客观、公平和公正。《论语》中关于言语的章节很多,如"刚毅木讷近乎仁""巧言令色鲜矣仁""有德者必有言,有言者不必有德"等。可见仅用言语来判断一个人是不全面的,需要多角度、全方位考察。"刚毅木讷近乎仁"中的"讷"就是说话迟钝;"巧言令色鲜矣仁"中的"巧言"就是能言善辩,所以谨言的人未必不能用,会说话的人未必能力强,那么在选拔人才时要考察他的品德和实际才能,不能仅凭听他的言谈就提拔他;在听取意见时,不管他的人品、地位如何,只要是正确的意见都要采纳。

季氏篇

16.4 【原文】

kǒng zǐ yuē   yì zhě sān yǒu   sǔn zhě sān yǒu   yǒu zhí   yǒu liàng   yǒu duō wén   yì
孔子曰："益者三友,损者三友。友直、友谅、友多闻,益

yǐ   yǒu pián pì   yǒu shàn róu   yǒu pián nìng   sǔn yǐ
矣;友便辟、友善柔、友便佞,损矣。"

【译文】

孔子说:"有益的朋友三种,有害的朋友三种。同正直的人交友,同诚实守信的人交友,同见闻广博的人交友,就是有益的。同献媚奉承的人交友,同口蜜腹剑的人交友,同夸夸其谈的人交友,便有害了。"

【英译】

Confucius said, "There are three kinds of beneficial friends and three kinds of harmful friends. It is beneficial to make friends with those who are honest, faithful and erudite. It is harmful to make friends with those who are hypocritical, sycophantic and glib-tongued."

【思考与感悟】

本章孔子从道德品行的角度将朋友分为两大类:益友和损友。孔子认为益友有三种:正直的人,诚实守信的人,见闻广博的人;损友也有三种:献媚奉承之人,口蜜腹剑之人,夸夸其谈之人。孔子的择友原则对如今的我们在交友方面有很大的借鉴意义。俗话说:"近朱者赤,近墨者黑",朋友群体环境对一个人的影响很大,益友是一生受用的财富,结交益友,我们会潜移默化地被熏陶,有益于个人成长;不慎遇到损友,我们要头脑清楚,擦亮眼睛,及时止损。总之,孔子这句话启示我们要慎重交友,以免误入歧途。

16.5 【原文】

kǒng zǐ yuē   yì zhě sān yào sǔn zhě sān yào   yào jié lǐ yuè yào dào rén zhī
孔子曰："益者三乐，损者三乐。乐节礼乐，乐道人之

shàn yào duō xián yǒu yì yǐ   yào jiāo lè yào yì yóu yào yàn lè   sǔn yǐ
善，乐多贤友，益矣。乐骄乐，乐佚游，乐宴乐，损矣。"

【译文】

孔子说："有益的快乐三种，有害的快乐三种。以礼乐制度约束自己的行为为快乐，以赞扬别人的长处为快乐，以多交贤友为快乐，就是有益的。以骄奢淫逸为快乐，以过度游玩为快乐，以宴请吃喝为快乐，就是有害的。"

【英译】

The Master said, "There are three kinds of beneficial pleasure and three kinds of harmful pleasure. The former consist of the pleasure obtained from regulating oneself with the Rites and Music, speaking highly of others, making a lot of beneficial friends. The latter consist of the pleasure obtained from extravagance, wanderings and feasts."

【思考与感悟】

本章孔子告诉我们快乐也分为两类：以礼乐、道善和贤友为快乐，是有益的快乐；以骄乐、轶游和宴乐为快乐，是有害的快乐。"乐节礼乐"是指以礼乐制度约束自己的行为，礼是讲秩序，乐是讲和谐，以礼治身，以乐调心。"乐道人之善"是指以赞扬别人的长处为快乐，言为心声，善于发现他人优点并给予赞美，鼓励他人的同时自己也得到了快乐。"乐多贤友"是指以多交贤友为快乐，贤友多多益善，彼此进步。"乐骄乐，乐佚游，乐晏乐"是指以骄奢淫逸为快乐，以过度游玩为快乐，以宴请吃喝为快乐，这些快乐是有害的，我们要培养高尚志趣，远离低级趣味。真正的快乐是一种忘我的快乐、无私的快乐，奉献社会、服务他人，就是一种更有意义和价值的快乐。

16.10 【原文】

kǒng zǐ yuē jūn zǐ yǒu jiǔ sī shì sī míng tīng sī cōng sè sī wēn mào sī
孔 子 曰："君 子 有 九 思： 视 思 明 ， 听 思 聪 ， 色 思 温 ， 貌 思
gōng yán sī zhōng shì sī jìng yí sī wèn fèn sī nàn jiàn dé sī yì
恭 ， 言 思 忠 ， 事 思 敬 ， 疑 思 问 ， 忿 思 难 ， 见 得 思 义 。"

【译文】

孔子说："君子有九种考虑：看的时候，考虑看明白了没有；听的时候，考虑听清楚了没有；脸色，考虑是否温和；态度，考虑是否谦恭；说的言语，考虑是否忠诚；对待工作，考虑是否严肃认真；遇到疑问，考虑是否应该向他人请教；愤怒的时候，考虑会产生什么后患；看见可得的财物，考虑是否符合义的准则。"

【英译】

Confucius said, "The virtuous man has nine considerations. When watching, he considers whether his vision is clear. When listening, he considers whether his hearing is distinct. When it comes to expression, he considers whether his expression is gentle. When it comes to attitude, he considers whether his attitude is courteous. When it comes to words, he considers whether his words are sincere. When it comes to work, he considers whether he takes it seriously. When it comes to doubt, he considers whether he should seek advice. When he gets mad, he considers whether it will result in trouble. When gain is accessible, he considers whether it is in accordance with righteousness."

【思考与感悟】

君子的九思是全方位的行为标准，把人的言谈举止、音容笑貌等各个方面都考虑到了，呈现了君子的高标准处事准则。孔子的"君子九思"内涵丰富，包含了儒家思想的基本要义，至今依然有很强的现实意义，我们当以此为镜，自省、自警和自励。只有从如此细致的方面，面面俱到地约束自己的言行，不断要求自己，才有可能成为像君子那样品德高尚、修养极高的人。现实生活中，我们很难做到像君子一

样的处世态度,但我们可以从君子的身上汲取前行的力量,把自己变得更好。"千里之行,始于足下",立足当下,从现在做起,从自我做起,从点滴小事做起,把"君子九思"作为自己的座右铭,每天进步一点点,不断突破,不断成长。

阳货篇

17.2 【原文】

zǐ yuē   xìng xiāng jìn yě   xí xiāng yuǎn yě
子曰："性 相 近 也，习 相 远 也。"

【译文】

孔子说："人的本性是相近的，由于后天不同环境的影响，差距才越来越大了。"

【英译】

The Master said，"By nature，men are nearly alike；by practice，they get to be far apart."

【思考与感悟】

本章孔子描述的是环境对人的影响。人的本性相差不大，但习性相差却很大。由于在人的成长过程中，后天的学习环境不一样，差别越来越多，这是多种复杂因素综合影响的结果，包括社会、家庭、学校、习俗、习惯等。大多数人的生命起始状态没有多大差别，差别的产生是因为生命成长过程中环境不同造成的。

17.6 【原文】

zǐ zhāng wèn rén yú kǒng zǐ   kǒng zǐ yuē   néng xíng wǔ zhě yú tiān xià   wéi rén
子 张 问 仁 于 孔 子，孔 子 曰："能 行 五 者 于 天 下，为 仁
yǐ   qǐng wèn zhī   yuē   gōng kuān xìn mǐn huì   gōng zé bù wǔ kuān zé dé
矣。""请 问 之。"曰："恭，宽，信，敏，惠。恭 则 不 侮，宽 则 得
zhòng   xìn zé rén rèn yān   mǐn zé yǒu gōng   huì zé zú yǐ shǐ rén
众 ，信 则 人 任 焉，敏 则 有 功 ，惠 则 足 以 使 人。"

【译文】

子张问孔子什么是仁。孔子说:"能够推行这五种品德于天下的人,可以说就是仁了。"子张说:"请问是哪五种品德呢。"孔子说:"恭敬、宽厚、诚信、勤敏、慈惠。恭敬就不会被侮辱,宽厚就能得到拥护,诚信就能得到信任,勤敏就会提高工作效率,慈惠就能够用人。"

【英译】

Zizhang asked Confucius about benevolence. Confucius said, "To be able to practice the five things everywhere under heaven constitutes benevolence." Zizhang asked again, "What are these five things?" Confucius said, "Courtesy, tolerance, trustworthiness, diligence and generosity. If you are courteous, you will avoid disrespect. If you are tolerant, you will win all. If you are trustworthy, you will be trusted by people. If you are diligent, you will accomplish much. If you are generous, you will be able to employ others."

【思考与感悟】

本章孔子阐释仁者的五种品德:"恭,宽,信,敏,惠"。孔子的主要教育思想是因材施教,即使同一个问题,对于不同的弟子,孔子施以不同的教育,给出不同的解释。孔子解释仁,对不同的弟子也有不同的说法。颜渊问仁,子曰:"克己复礼为仁。"樊迟问仁,子曰:"爱人。"子张问仁,孔子曰:"能行五者于天下,为仁矣。"孔子对不同的弟子给予不同的解答,但万变不离其宗,一以贯之的是诚敬之心,仁者爱人,这种爱是自觉的爱,发自内心的爱,是推己及人的爱。孔子所说的恭、宽、信、敏、惠五种美德,不过是这种爱心的外在表现罢了,既可作为从政的必要素养,也可当做待人接物的原则,使世人受益无穷。

17.14 【原文】

zǐ yuē   dào tīng ér tú shuō   dé zhī qì yě
子曰:"道 听 而 途 说,德 之 弃 也。"

【译文】

孔子说:"在路上听到传言就四处传播,这是道德所唾弃的。"

【英译】

Confucius said, "To spread what is heard on the way is to abandon virtue."

【思考与感悟】

本章孔子教育我们不要道听途说,这是道德修养不够的重要表现。道听途说是指路上听到的传闻,随后就在路上传播出去。具体说就是没有根据的传闻,自己没有求证就相信了,并且传播出去了。道听途说类似于现在的"网上信谣传谣"。谣言止于智者。对于有智慧的人来说,他们会理性分析,客观求证,不会去传播那些毫无根据的传闻。网络信息时代,网民们易于无意间凭一时冲动,就把没有被验证的消息转发出去了,甚至还肆意发表主观见解,这样大面积转发评论等行为,可能会给社会或他人造成困扰,有时还会酿成悲剧,所以不管读书做学问,还是为人处世,处理信息,我们都要善于钻研,乐于取证,不能随便听信谣言,更不能传谣。我们要时刻保持警醒的态度,做一个理性又智慧的人。

17.22 【原文】

zǐ yuē   bǎo shí zhōng rì   wú suǒ yòng xīn   nán yǐ zāi   bù yǒu bó yì zhě hū   wéi
子曰:"饱食终日,无所用心,难矣哉!不有博弈者乎,为

zhī yóu xián hū yǐ
之犹贤乎已。"

【译文】

孔子说:"整天吃饱了饭,什么事也不用心干,这种人要有出息就难了呀!不是有下棋之类的游戏吗?干干这些,也胜过什么都不干呀。"

【英译】

Confucius said, "It is so difficult to deal with someone who will stuff himself with food the whole day without applying his mind to anything! Aren't there games like playing the game of Go or chess? It's better to do these things than nothing."

【思考与感悟】

本章孔子严厉批评那些"饱食终日,无所用心"的人,强烈抨击人的惰性。孔子一生珍惜时光,热爱学习,孜孜不倦,重视人生的圆满。他认为人不应该浪费时间,"子在川上曰:逝者如斯夫!不舍昼夜"。人应该珍惜时间,做一些有意义的事情,哪怕玩些博弈之类的游戏,也好过成天无所事事。孔子实际上是激励我们要有人生追求,要有明确的人生目标,并用实际行动努力去奋斗。

微子篇

18.2 【原文】

liǔ xià huì wéi shì shī　sān chù　　rén yuē　　zǐ wèi kě yǐ qù hū　　yuē　　zhí dào ér

柳下惠为士师,三黜。人曰:"子未可以去乎?"曰:"直道而

shì rén　yān wǎng ér bù sān chù　　wǎng dào ér shì rén　hé bì qù fù mǔ zhī bāng

事人,焉 往 而 不三黜? 枉 道而事人,何必去父母之邦?"

【译文】

柳下惠担任掌管刑罚的官时,多次被罢免。有人问:"您不可以离开鲁国吗?"他说:"用正道来侍君,去哪里而不被多次罢免呢?用歪门邪道侍奉君主,又何必要离开自己的祖国呢?"

【英译】

Liu Xiahui, who was in charge of criminal judgement, was dismissed from his office several times. Someone asked, "Is it better for you to leave the state of Lu?" He said, "Where do you think can I serve men in an upright manner without being repeatedly dismissed? Why do I have to leave my homeland if I choose to serve men in a crooked manner?"

【思考与感悟】

本章讲述柳下惠因生性耿直,为人正直,在担任士师时,被多次罢黜,可他依然坚持正道——"直道事人"。《周礼·秋官司寇·士师》把士师列为秋官司寇的辅助官员,掌禁令、狱讼、刑罚之事。秋官司寇是司法审判的最高长官,相当于今天公检法,负责制裁犯罪行为、维持社会正义的工作。虽然柳下惠在官场屡遭打击排挤,但他的道德学问名闻天下,各国诸侯争相以高官厚禄聘请他,有人问:"您不可以离开鲁国,另谋高就吗?"柳下惠深知自己在鲁国之所以被黜免,是因为坚持正道,坚持正直。如果一直这样坚持原则,迟早还是会被黜免的,不管走到哪里都有同样的遭遇。既然坚持信仰,笃信直道,那"何必去父母之邦",多此一举呢!柳下惠坚持直道事人的高贵品质是世人学习的榜样。

子张篇

19.3 【原文】

zǐ xià zhī mén rén wèn jiāo yú zǐ zhāng　　zǐ zhāng yuē　　zǐ xià yún hé　　duì yuē
子 夏 之 门 人 问 交 于 子 张 。子 张 曰:"子 夏 云 何?"对 曰:

zǐ xià yuē　　kě zhě yǔ zhī　　qí bù kě zhě jù zhī　　zǐ zhāng yuē　　yì hū wú suǒ wén
"子 夏 曰:'可 者 与 之,其 不 可 者 拒 之。'"子 张 曰:"异 乎 吾 所 闻:

jūn zǐ zūn xián ér róng zhòng　　jiā shàn ér jīn bù néng　　wǒ zhī dà xián yú　　yú rén hé suǒ
君 子 尊 贤 而 容 众 ,嘉 善 而 矜 不 能 。我 之 大 贤 与,于 人 何 所

bù róng　　wǒ zhī bù xián yú　　rén jiāng jù wǒ　　rú zhī hé qí jù rén yě
不 容? 我 之 不 贤 与,人 将 拒 我,如 之 何 其 拒 人 也?"

【译文】

子夏的门人向子张请教与人交往之道。子张说:"你的老师子夏是如何回答这个问题的呢?"子夏的学生回答说:"子夏说:'可以交往的就和他交往,不可以交往的就拒绝他。'"子张说:"这和我从夫子那里所听到的不一样! 君子尊敬贤人,也能够接纳众人,既称赞德行出众的人,又同情没有能力的人。如果我是个贤德的人,有什么人我不能容纳的呢? 如果我不是个贤德的人,别人将会拒绝我,我怎么能去拒绝别人呢?"

【英译】

Zixia's disciple asked Zizhang for advice how to make friends. Zizhang asked,"What did your Master Zixia say about it?" Zixia's disciple replied,"Zixia said,'Those you can associate with, please associate with them; those you can't associate with, please reject them.'" Zizhang said,"That is different from what I have heard! The virtuous man respects the wise and embraces all, praises the good and sympathizes the incompetent. If I am a wise man, how can't I embrace all? If I am not, others will reject me, and how can I have the chance to reject others?"

【思考与感悟】

本章阐释的是交友之道,子夏和子张同为孔子的学生,但他们对此的观点截然不同。子夏所秉持的交友之道是"可者与之,其不可者拒之",就是说可以交往的就交往,不可以交往的就不交往,这种处世态度自我且随性。虽然这种交友方式缺乏主动性和积极性,但也有可取之处,就是凡事不要强求,遵从心声。可是,交友是一种双方的互动,是一种较为长久的行为,不能因为一时与人不了解,而放弃与人互动,从而可能错失结交朋友的机会,这种"可者与之,其不可者拒之"态度无形中局限了自己的交友范围,与很多本应成为朋友的人失之交臂,不利于自身修养的培养和个人的发展。与之相比,子张所持的交友之道是一种自我的提高与约束,更有利于自我修养的培养和进步。子张继承了孔子"躬自厚而薄责于人"的思想,强调凡事从自身找原因,可谓"君子求诸己,小人求诸人。"子张的交友之道反映了"有德者必有言",重视对他人的积极态度,对待他人要恭敬、忠诚和宽容。"尊贤而容众,嘉善而矜不能",君子尊敬贤人,也能够接纳众人,既称赞德行出众的人,又同情没有能力的人。当然,人无完人,每个人都有优点和缺点,"见贤思齐,见不贤而自省","择其善者而从之",与他人交往的时候,要宽容地看待他们的不足,放大他人的优点,友善地帮助他人改善缺点,彼此取长补短,彼此托举,共同成长,才能不断提高自己的修养,何乐而不为呢!

19.5 【原文】

zǐ xià yuē　　　rì zhī qí suǒ wú　yuè wú wàng qí suǒ néng　kě wèi hào xué yě
子夏曰:"日 知 其 所 亡, 月 无 忘 其 所 能, 可 谓 好 学 也

yǐ yǐ
已 矣。"

【译文】

子夏说:"每天学习一些自己以前所不知的东西,每月不忘记以前已所学会的,这样就可以称得上好学了。"

Zixia said, "One who learns every day and doesn't forget what has been learned every month can be said indeed to love to learn."

【思考与感悟】

本章中子夏所说的"日知其所亡,月无忘其所能",阐发的是孔夫子的"温故而知新"的学习思想。知识的获得靠的是点点滴滴的积累,没有捷径可循,只能依靠勤奋和努力。"日知其所亡"就是每天学习一些自己以前所不知的东西,日积月累,这是一种最基本的学习方法。只有不断积累,实现从量变达到质变的飞跃,才能达到更新知识结构和思维的目的。"月无忘其所能",就是定期复习以前已所学东西,即温故。如果学到的东西很快就遗忘了,那先前学习所付出的努力就打折了,就有可能事倍功半,因为并没有实现知识的积累。要想实现知识的积累,我们就要通过人为的干预,强化记忆,削弱遗忘,最大限度地将所学的知识运用到生活和工作中,将其变成自己的认知,固定下来。

19.6 【原文】

zǐ xià yuē　　bó xué ér dǔ zhì　qiē wèn ér jìn sī　rén zài qí zhōng yǐ
子夏曰:"博学而笃志,切问而近思,仁在其中矣。"

【译文】

子夏说:"广泛地学习并且笃守自己的志向,恳切地提问自己还未完全领悟的知识并且常常联系实际思考,以此类推地想问题,仁就在这其中了。"

【英译】

Zixia said, "To study widely and to be faithful to one's aspiration, to ask questions earnestly and always to reflect on the present situation, benevolence lies in this."

【思考与感悟】

本章子夏提出了自己的治学箴言,分别是"博学、笃志、切问和近思"。"博学而笃志"就是说广泛地学习并且笃守自己的志向,做仁德的人,首先,要立志,远大的志向是博学的前提,是博学的动力,博学是实现志向的重要条件。其次,"切问"是指恳切地提问自己还未完全领悟的知识,善于提出问题,寻求正确的答案。最后,"近思"是指要注重思考,多思考现实生活中的问题,由近及远,由易及难,由浅及深,去探究真相,解决现实问题。坚定志向,努力学习,多发问,多思考,结合实际情况全面考虑,妥善地提出解决问题的方案,这样理论联系实际、言行一致地提高自我修养,仁德就在这过程中得到培养。

19.13 【原文】

zǐ xià yuē　　shì ér yōu zé xué　xué ér yōu zé shì
子夏曰:"仕而优则学,学而优则仕。"

【译文】

子夏说:"做官的人,如仍有余力就可以去学习;学习的人,如仍有余力就可以去做官。"

【英译】

Zixia said, "Those who have spare time after holding office should go to learn; and those who have spare time after learning should hold office."

【思考与感悟】

本章子夏指出学习与做官是互为前提和目的的,由仕入学或由学入仕,都是一脉相承、互相补充的。我们从中得到启发是:好好学习,明白事理,建功立业,为国为民谋幸福;同时,进入职场,也要不断学习,不断提高自己,将所学的知识运用到工作中,更好地处理工作,做更有使命感的工作,更好地服务于社会与人民。

19.21 【原文】

zǐ gòng yuē　　 jūn zǐ zhī guò yě　　 rú rì yuè zhī shí yān　　 guò yě　 rén jiē jiàn zhī
子 贡 曰:"君 子 之 过 也,如 日 月 之 食 焉:过 也,人 皆 见 之;
gēng yě　 rén jiē yǎng zhī
更 也,人 皆 仰 之。"

【译文】

子贡说:"君子的过失,就像日食和月食那样:有过错时,人人都看得见;他改正了,人人都仰望他。"

【英译】

Zigong said,"The fault of the virtuous man is like the eclipse of the sun and the moon. When there is a fault,everyone can see it;when he corrects it and everyone looks up to him."

【思考与感悟】

本章子贡以日食月食的变化为喻,赞扬了君子"过则勿惮改"的高贵品质。人无完人,每个人都会犯或大或小的错误,犯错误本身不可怕,可怕的是犯了错误却不知悔改,将错就错。正确的做法是"过则勿惮改""知错能改,善莫大焉"。一个智慧的人,直视错误,承认错误,找到原因,及时改正,可谓"君子之过,更也,人皆仰之"。反之,没有智慧的人,没有远见的人会采取隐瞒错误、推卸责任、寻找借口等做法来掩饰自己的错误,可谓"小人文过饰非"。

尧曰篇

20.3　【原文】

子曰："不知命，无以为君子也；不知礼，无以立也；不知言，无以知人也。"

【译文】

孔子说："不懂得天命，就无法成为君子；不懂得礼仪，就无法立身处世；不懂得分辨别人的话语，就无法真正了解他人。"

【英译】

Confucius said, "If you don't understand the will of heaven, you can't be a virtuous man; if you don't understand the Rites, you can't establish yourself in the world; if you are not good at distinguishing others' words, you will have no way to know them."

【思考与感悟】

本章孔子阐释了知命、知礼、知言对做人的重要性。孔子所说的"知命"包含着一些积极的思想，如遵循万物发展规律、懂得因果关系、敬畏生命等。"知礼"是提升内在修养的重要途径，是立身处世的重要规范。懂得礼法观念，遵守社会礼仪礼节，礼貌待人，有利于和谐社会关系，维护社会秩序。"知言"就是要有智慧，善于聆听，听懂言外之意，分辨是非曲直，才能做到真正了解一个人，在社交中做到有效沟通，自如地立足社会。本章孔子从个体、社会、他人三个方面谈了人生最基本的道理，总结了自己的人生经验，重申了君子的人格。《论语》中最核心的部分就是做君子，塑造具有理想人格的君子，培养治国安邦平天下的志士仁人。

参 考 文 献

[1]《习近平总书记教育重要论述讲义》编写组.习近平总书记教育重要论述讲义.北京：高等教育出版社,2020.

[2] 教育部课程组.深入学习习近平关于教育的重要论述.北京：人民出版社,2019.

[3] 孔子著；[英] 理雅各译.论语：英汉对照/(春秋)郑州：中州古籍出版社,2016.

[4] 李长之.孔子的故事.北京：台海出版社,2021.

[5] 丁启阵.孔子真相.北京：企业管理出版社,2017.

[6] 鲍鹏山.孔子如来.北京：中国青年出版社,2020.

[7] 杨伯峻.论语译注.北京：中华书局,2017.

[8] 胡敏主编；[英] 保罗·怀特译.论语：汉英对照.北京：外文出版社,2019.

[9] 孔子著；李晨森编.论语.北京：煤炭工业出版社,2018.

[10] 孔丘原著；学之译注.论语.西安：陕西师范大学出版社,2009.

[11] 龚勋主编.孝经.北京：同心出版社,2015.

[12] 朱熹/郭万金.论语集注.商务印书馆,2015.

[13] WATSON，B. The Analects of Confucius. New York：Columbia University Press，2007.